AI 유튜버 되기

AI문고

인공지능 시대입니다. 기계가 인간의 인지를 대신하고, 사물이 인간을 통하지 않고 다른 사물과 직접 커뮤니케이션합니다. 이에 따른 인간 삶과 문명 변화를 정확히 이해·예측·대응하는 것은 이 시대 우리 모두의 과제입니다. AI문고는 인공지능 기술과 환경의 여러 주제를 10가지 키워드로 정리합니다. 관련 개념과 이론, 학계와 산업계의 쟁점, 우리 일상의 변화를 다룹니다. 인간과 기술의 현재, 미래를 세심히 분석합니다.

일러두기

- 인명, 작품명, 저서명, 개념어 등은 한글과 함께 괄호 안에 해당 국가의 원어를 병기했습니다.
- 외래어 표기는 현행 어문규정의 외래어표기법을 따랐습니다. 다만 '굿즈' '땡스' 등은 관행에 따랐습니다.

처음이세요?

전문가세요?

AI 유튜버 되기

정시영

대한민국, 서울, 커뮤니케이션북스, 2025

AI 유튜버 되기

지은이 정시영
펴낸이 박영률

초판 1쇄 펴낸날 2025년 7월 2일

커뮤니케이션북스(주)
출판 등록 2007년 8월 17일 제313-2007-000166호
02880 서울시 성북구 성북로 5-11
전화(02) 7474 001, 팩스(02) 736 5047
commbooks@commbooks.com
www.commbooks.com

ISBN 979-11-430-0466-6 03500

책값은 뒤표지에 표시되어 있습니다.

차례

AI 유튜버 되기 xi

01 AI와 유튜버 1

02 AI 채널 기획 9

03 포지셔닝과 브랜딩 19

04 '내 GPT' 스토리텔링 27

05 AI 이미지 생성 35

06 이미지 무브먼트 43

07 AI 편집 53

08 채널 개설과 운용 61

09 수익화, 콘텐츠의 또 다른 이야기 69

10 AI 유튜버의 미래 77

AI 유튜버 되기

나만의 AI 페르소나

“누구나 유튜버가 될 수 있지만 아무나 지속할 수는 없다.” 오늘날 유튜브 생태계를 관통하는 이 말은 수많은 크리에이터가 시작은 쉽게 해도 유지는 어렵다는 현실을 잘 보여 준다. 매일 쏟아지는 방대한 콘텐츠 속에서 꾸준히 창작을 이어 가며 의미 있는 성장을 이루는 것은 결코 쉽지 않다. 아이디어 고갈, 제작 역량의 한계, 수익 부족, 알고리즘 변화 등 여러 난관에 부딪혀 많은 채널이 생겼다가 사라진다. 그렇다면 이제 새롭게 떠오르는 AI 유튜버의 시대는 이러한 현실을 바꾸어 놓을 수 있을까? 기술의 발전이 창작자를 둘러싼 환경을 근본적으로 바꾸고 있지만 정작 지속 가능한 창작자를 만드는 요인은 무엇인지에 대한 물음은 더욱 커지고 있다.

누구나 유튜버가 되는 시대

2005년 4월 23일 미국의 자베드 카림이 출연한 동물원 영상은 유튜브의 시작을 알렸고, 스마트폰 하나만 있으면 누구나 유튜버가 되는 시대를 열었다. 영상 제작과 방송은 더 이상 일부 전문가의 전유물이 아니다. 일상 속 이야기처럼 아주 개인적인 소재를 가지고도 누구나 콘텐츠로 만들 수 있는 환경이 갖춰졌다. 기술의 문턱이 낮아졌고, 알고리즘은 기회를 분산하여 확산시켰다. 한 명의 개인이 전 세계 수백만 명과 연결될 수 있는 창이 열린 것이다.

그러나 시작의 문이 넓어진 만큼 그 안에서 살아남는 일은 점점 더 어려워지고 있다. 누구나 채널을 만들 수는 있지만 모든 채널이 유지되는 것은 아니다. 첫 번째 영상을 올리는 일은 단순하다. 스마트폰 카메라를 켜고 버튼을 누르면 되기 때문이다. 하지만 꾸준히 콘텐츠를 이어가는 일은 완전히 다른 차원의 문제다. 조회 수가 잘 나오지 않거나 반응이 없다면 그다음 콘텐츠를 만들 동력이 줄어든다. 반대로 반응이 좋으면 더 높은 기대에 부응해야 한다는 부담이 생기기 때문에 지속적인 성공은 단지 콘텐츠를 만들겠다는 의지만으로는 이뤄지지 않는다.

지속성은 결국 꾸준한 아이디어 발굴과 일정한 제작 환경 그리고 감당할 수 있는 생산 리듬에서 비롯된다. 하지만 현실은 그리 간단하지 않다. 초반에는 하고 싶은 이야기가 넘쳐 나지만 시간이 지날수록 아이디어는 점점 고갈된다. 기존에 쏟아진 수많은 콘텐츠와 차별화된 주제를 찾는 일은 갈수록 어렵다. 혼자서 촬영하고 편집하고 기획하고 업로드하는 일은 생각보다 많은 에너지를 요구한다. 그런데 대부분의 1인 크리에이터는 이 모든 과정을 혼자서 감당해야 한다. 그로 인해 시간과 체력은 물론이고 정신적인 피로까지 누적되면 결국 포기하게 된다.

여기에 영상 제작 환경과 비용 문제도 있다. 누구나 시작할 수 있다는 말은 맞지만 어느 수준 이상으로 가기 위해서는 일정한 퀄리티가 필요하다. 퀄리티는 좋은 제작 환경에서 나오며 때로는 그에 따른 비용이 필요하다. 촬영 장비와 공간 세팅은 물론 편집 프로그램이나 유료 효과를 비롯해 추가적인 지출과 노력이 발생하게 된다면 수익이 없거나 적은 상황에서는 채널을 지속적으로 운영하기 어렵다. 한편, 일부 유튜버는 조회 수를 위해 점점 더 자극적인 콘텐츠를 만들거나 자신을 과하게 소비하기도 한다. 그러다 보면 본래 하고 싶었던 이야기에서 멀어지고 채널의 방향도 흔들린다. 그 결과 열정으로 시작했지만 에너지가 소진되어 멈추는 채널도 다수 발견된다. 또한 1인 창작자의 생산성에는 한계가 있다. 업로드 주기가 늘어지면 시청자의 관심은 줄어든다. 알고리즘은 활동성이 낮은 채널을 우선순위에서 제외한다. 다시 말해 플랫폼은 지속적인 콘텐츠 생산을 요구하지만 그에 맞춰 꾸준히 영상을 만들 수 있는 역량을 개인이 감당하기는 어렵다. 일주일에 두세 편의 영상 제작을 반복하면서 퀄리티를 유지하기란 거의 불가능에 가깝다. 결국 많은 유튜버가 양과 질 사이에서 균형을 잡지 못하고 탈진하게 된다.

유튜브는 열린 공간이다. 누구나 자유롭게 진입할 수 있지만 그 안에서 길을 내고 자신만의 자리를 지키는 일은 전혀 다른 문제다. 지속 가능한 크리에이터가 된다는 것은 단순히 콘텐츠를 많이 올리는 것이 아니다. 하나하나의 콘텐츠에 정체성을 담고 일관된 메시지를 전달하며 시청자와 관계를 이어 가는 일이다. 그리고 이 모든 과정을 감당할 수 있을 때 비로소 진정한 성장이 가능해진다.

이처럼 유튜브는 누구에게나 열려 있는 플랫폼이지만 꾸준함과 기획력 그리고 체력과 전략이 함께 요구되는 고도의 창작 공간이다. 여기에 더해 얼굴을 드러내는 것에 대한 부담이나 예상치 못한 컨디션 저하 그리고 악성 댓글에 대한 스트레스 또한 유튜버들이 지속적으로 활동하기 어렵게 만드는 요인이다. 이러한 심리적 피로와 외적 노출에 대한 불안을 AI가 일정 부분 해소해 줄 수 있다. 얼굴을 대신해 줄 AI 아바타나 음성을 변환해 주는 기술은 유튜버가 본인의 페르소나를 유지하면서도 심리적 부담을 줄인 채 창작을 지속할 수 있는 가능성을 제시한다. 바로 이 지점에서 AI는 새로운 대안이자 기회를 제공하기 시작한다. 기획부터 촬영과 편집까지 한 사람이 감당하기 어려웠던 전 과정을 AI와 함께 나눠 들 수 있다. AI는 단순한 도구를 넘어 상상하는 거의 모든 작업을 현실로 구현할 수 있는 창작 파트너로서 자리 잡고 있다. 이를 통해 크리에이터는 반복적인 노동에서 벗어나 보다 창의적인 아이디어 발굴에 집중할 수 있다. 무엇보다 생산성과 지속성을 함께 끌어올릴 수 있다는 점에서 생성형 AI는 1인 미디어 창작 환경에 결정적인 전환점을 만들어 줄 것이다.

AI 유튜버 시대, 콘텐츠 창작의 지평을 넓히다

생성형 AI의 등장은 유튜브 콘텐츠 제작의 지형을 근본적으로 바꾸어 놓았다. 과거에는 고가의 장비나 전문적인 기술 인력이 있어야만 가능했던 영상 제작이 이제는 전혀 다른 차원의 일로 다가오고 있다. 지금은 단 한 명의 창작자도 간단한 아이디어만 있으면 쇼츠 영상부터 완성도 높은 광고 영상, 그리고 단편 영화까지도 집 안에서 만들 수 있는 시대가 되었다. 콘텐츠 제작의 진입장벽은 거의 사라졌다. 기술이 문턱을 낮추었고 창작자는 그 위에서 상상력을 마음껏 펼칠 수 있게 되었다.

이제 콘텐츠 제작은 더 이상 거대한 팀의 전유물이 아니다. 자신이 직접 출연하지 않고 연출력으로 콘텐츠를 만드는 제작형 유튜버에게는 이전에는 상상조차 할 수 없었던 새로운 무대가 열리고 있다. 과거에는 기획과 대본 작성만으로도 상당한 시간이 필요했고, 이후에 이어지는 촬영과 편집 과정은 더 많은 자원과 인력이 필요했다. 하지만 지금은 인공지능 도구가 이 모든 과정을 함께 해 주는 파트너가 되어 준다. 기획과 대본 작성은 챗GPT를 통해 가능하다. 단순한 콘셉트만 입력하면 몇 분 내로 영상에 적합한 구조를 갖춘 스크립트가 만들어진다. 여기에 필요한 이미지나 한글이 지원되는 섬네일도 손쉽게 얻을 수 있다.

이미지 생성은 소라(Sora)나 미드저니(Midjourney)와 같은 도구를 활용할 수 있다. 원하는 장면을 묘사하면 AI는 그에 맞는 이미지를 빠르게 그려 낸다. 이렇게 만들어진 이미지는 다시 클링(Kling)이나 런웨이(Runway)

에서 영상으로 변환할 수 있다. 정지된 이미지에 생동감을 불어넣어 실제 영상처럼 구성해 주는 이 기능은 단순한 시각화를 넘어 하나의 장면을 완성하는 수준에 이르렀다. AI 아바타도 동일한 방식으로 제작 가능하다. 카메라 앞에 직접 서지 않아도 나의 페르소나를 가진 디지털 캐릭터가 대신 출연할 수 있다. 이는 자신을 드러내서 직접 촬영을 해야 하는 연기자형 유튜버에게 새로운 방식의 캐릭터 구축과 표현을 가능하게 한다.

음성은 일레븐랩스(ElevenLabs)에서 생성할 수 있다. 텍스트만 입력하면 자연스러운 억양과 감정을 가진 목소리가 나온다. 선택할 수 있는 목소리의 종류도 다양하고 말투나 분위기도 조절할 수 있다. 그뿐만 아니라 자신의 목소리를 학습시켜 복제하면 일정한 컨디션의 목소리로 음성을 생성할 수 있기 때문에 직접 녹음하지 않아도 영상에 감정을 담을 수 있게 되었다. 배경 음악도 AI가 맡는다. 수노(Suno)와 같은 도구를 이용하면 장면에 어울리는 음악을 직접 작곡하지 않아도 바로 삽입할 수 있다. 분위기와 장르를 설정하면 영상에 딱 맞는 배경 음악이 자동으로 생성된다.

이 모든 작업은 하나의 컴퓨터 안에서 이루어지고, 제작자는 집 안에서 아이디어만 가지고 전 과정을 계획하고 구성하고 완성할 수 있다. 영상 제작이란 말이 더 이상 거창하게 들리지 않는 이유다. AI는 창작자에게 물리적 제약을 걷어 내고 새로운 도전과 실험을 가능하게 만든다. 누구나 상상했던 콘텐츠를 스스로 제작할 수 있는 환경이 갖춰진 것이다. 창작의 영역이 넓어진다는 말은 단순히 콘텐츠 양이 늘어난다는 뜻이 아니다. 더 깊이 있는 기획과 더 다양한 시도가 가능한 구조가 생겼다는 의미다.

이처럼 AI는 영상 콘텐츠의 형식과 흐름만 바꾼 것이 아니다. 창작자의 역할과 위치까지도 변화시키고 있다. AI는 단순한 도구가 아니다. 이제는 창작의 전 과정을 함께하는 공동 작업자로 기능하고 있다. 혼자서는 감당하기 어려웠던 제작의 무게를 나누어 들고 그 속에서 창작자가 더 나은 아이디어에 집중할 수 있도록 기반을 마련해 준다. 무엇보다도 중요한 것은 이제 한 명의 창작자도 거대한 상상력을 실현할 수 있는 시스템을 갖출 수 있다는 사실이다. 콘텐츠 제작의 중심이 기술에서 사람으로 다시 돌아오고 있다. 아이디어만 있다면 모든 것이 가능해지는 시대, 그 중심에 AI 유튜버가 있다.

AI 유튜버 시대가 맞이한 두 가지 본질적 과제

AI 기술이 유튜브 창작자에게 주는 기회는 분명하다. 누구나 쉽게 시작할 수 있고 누구보다 빠르게 영상 콘텐츠를 완성할 수 있다. 그러나 기술이 가져오는 이점만큼 그에 따른 과제도 명확해지고 있다. AI 유튜버 시대가 본격화되면서 우리는 두 가지 본질적인 물음과 마주하게 되었다. 하나는 콘텐츠의 다양성이 유지될 수 있는가 하는 문제이고 다른 하나는 콘텐츠의 진정성이 어떻게 보장될 수 있느냐는 질문이다.

우선 콘텐츠의 획일화 문제는 이미 현실로 드러나고 있다. AI는 대량의 데이터를 기반으로 학습한다. 그 결과 많은 경우 기존에 있었던 스타일과 형식을 반복하거나 가장 보편적인 취향에 맞춰진 콘텐츠를 생산해 내는 경향을 보인다. 이는 시청자에게 익숙함을 줄 수는 있지만 시간이 지날수록 차별화된 매력을 잃게 될 가능성이 크다. 수많은 채널이 서로 비슷한 이야기 구조와 시각적 스타일을 갖게 될 경우 유튜브 생태계 전반의 창의성이 약화할 수밖에 없다. 이는 AI 기술을 활용하는 유튜버들이 반드시 고민해야 할 부분이다.

더불어 진정성의 문제는 더욱 민감한 주제다. AI는 실제 사람처럼 말하고 움직이는 아바타를 만들 수 있고 실존 인물을 흉내 내는 것도 가능하다. 하지만 시청자는 콘텐츠 뒤에 있는 사람이 누구인지 그 사람이 어떤 감정을 품고 있는지에 따라 전혀 다른 반응을 보이기도 한다. 진정성은 단순히 기술로 구현할 수 없는 영역이다. 연기와 편집으로는 포장할 수 없는 감정의 밀도와 뉘앙스가 있다. AI 캐릭터가 아무리 정교하게 설계되었더라도 그것이 실제 인간과의 관계에서 오는 감정적 연결을 대체할 수는 없다. 장기적으로 볼 때 시청자는 기계적 완성도보다 인간적 공감에 더 반응하게 된다. 바로 이 지점에서 AI 콘텐츠의 한계가 드러난다.

최근에는 저작권과 초상권 문제까지 논의의 중심으로 떠오르고 있다. 챗GPT를 활용해 생성한 지브리 화풍의 이미지가 온라인에서 확산된 사례는 이 문제를 단적으로 보여 준다. 많은 사람들이 그 이미지의 완성도에 감탄했지만 지브리 스튜디오는 이에 대해 공식 입장을 내지 않았다. 그러나 과거 다큐멘터리에서 미야자키 하야오 감독은 AI 애니메이션에 대해 삶 자체에 대한 모욕이라고 강하게 비판한 바 있다. 지브리의 고유한 시각 언어와 세계관은 단순한 스타일이 아니라 수십 년간의 창작과 철학에서 비롯된 것이기 때문이다. 특히 지브리 작품에서 전쟁과 파괴를 직접적으로 묘사하기보다 자연과 생명에 대한 존중을 강조하는 세계관을 바탕으로 한다는 점에서, 전쟁과 파괴의 이미지를 무분별하게 생산하는 AI 콘텐츠는 지브리 철학과 뚜렷하게 대치되는 결과를 낳는다. 이처럼 AI가 기존 창작자의 고유한 스타일을 흉내 낼 경우 법적 문제와 함께 창작의 윤리에 대한 논의도 불가피하다.

한편, 챗GPT를 서비스 하고 있는 오픈AI는 특정한 살아 있는 작가의 이름을 사용하는 요청은 제한하고 있지만 지브리 같은 특정 회사의 스타일은 생성 가능한 영역이라는 입장을 보이고 있다. 이에 대해 창작자들은 여전히 우려를 표한다. 창작의 자유와 모방의 경계가 모호해진 상황에서 AI 콘텐츠의 법적 기준과 사회적 합의는 아직 부족하다. 더불어 AI 학습 데이터에 개인 이미지가 포함될 가능성도 간과할 수 없다. 우리가 일상적으로 올리는 개인 사진이 무단으로 수집되어 AI 학습에 활용될 수 있다면 이는 단순한 정보 유출을 넘어서 초상권 침해의 문제로 이어진다. 생성형 AI는 특정인의 외모나 말투까지 구현할 수 있기 때문에 악의적으로 사용될 경우 심각한 피해로 확산될 수 있다. 특히 AI 유튜버가 실제 인물과 유사한 아바타나 목소리를 활용하는 시대에는 개인 권리 보호에 대한 새로운 기준과 감시 체계가 절실하다.

결국 AI 유튜버 시대에 성공적으로 살아남기 위해서는 단순히 기술을 잘 쓰는 것만으로는 부족하다. 콘텐츠가 아무리 완성도 높고 시각적으로 뛰어나더라도 그 안에 담긴 메시지가 모방이거나 감정 없는 자동 생성물이라면 시청자의 반응은 오래가지 않는다. 독창성과 진정성은 AI 시대에도 여전히 콘텐츠의 생명력을 좌우하는 핵심 요소다. 법적 책임과 윤리적 기준까지 고려하면서 나만의 목소리와 관점을 지닌 창작을 이어 가는 일. 그것이야말로 AI 유튜버가 지속 가능하게 성장할 수 있는 유일한 길이다.

지속 가능한 AI 유튜버를 위한 전략

AI 기술이 콘텐츠 제작의 문을 넓히고 다양한 도구를 통해 창작의 효율을 극대화하고 있음에도 모든 AI 유튜버가 성공적인 지속 가능성을 확보하는 것은 아니다. 기술은 어디까지나 도구일 뿐이며 그 도구를 어떻게 사용하는가는 전적으로 창작자에게 달려 있다. AI 유튜버로서 오래도록 활동을 이어 가기 위해 필요한 전략은 단순한 생산 능력을 넘어서 콘텐츠에 담긴 철학과 방향성, 그리고 인간적인 정체성에 이르기까지 깊은 고민이다.

가장 먼저 필요한 것은 자신만의 기획력이다. AI는 아이디어를 제안하고, 스크립트를 써 주며, 영상에 적합한 이미지나 음성을 제공할 수 있다. 하지만 어떤 주제를 선택하고 어떤 방향으로 풀어낼지는 결국 인간의 몫이다. 지속 가능한 유튜버가 되려면 순간의 흥미보다 오래갈 수 있는 세계관과 콘텐츠의 중심축이 필요하다. 이는 단기간의 조회 수나 유행을 좇는 방식이 아니라 일관된 가치와 스토리텔링 구조를 세워 나가는 과정이다.

다음으로 중요한 것은 채널의 정체성과 브랜드화다. AI로 만든 영상이라 하더라도 시청자는 결국 사람과 관계 맺기를 원한다. 이때 크리에이터의 철학과 태도, 표현 방식이 채널의 이미지로 작용하게 된다. 같은 주제를 다루더라도 어떤 시선에서 접근하고 어떤 어조로 전달하는지에 따라 전혀 다른 반응이 나올 수 있다. 이처럼 콘텐츠에 창작자의 세계관이 투영되어야 장기적인 구독자층과 신뢰를 쌓을 수 있다. 반복된 조회 수보다 한 명의 팬을 만드는 일이 더 어렵고 중요한 이유도 여기에 있다.

또한 꾸준함은 기술로 대체할 수 없는 영역이다. 알고리즘은 일정한 주기로 콘텐츠를 올리는 채널을 선호하고, 시청자는 안정적으로 콘텐츠를 제공받는 채널에 더 높은 충성도를 보인다. AI가 제작을 도와주더라도 이 주기를 유지하려면 기획과 검토, 최종 연출 등 사람의 판단이 계속해서 작동해야 한다. 기계적으로 찍어 낸 듯한 콘텐츠는 빠르게 소비되고 잊히지만, 애정을 담아 완성된 콘텐츠는 다시 보고 싶은 영상으로 남게 된다. 그러므로 지속적으로 퀄리티를 유지하는 힘은 AI가 아니라 사람에게서 나온다.

마지막으로 중요한 것은 기술을 도약대로 삼는 태도다. AI가 나를 대신해 준다는 생각보다는 내가 기존에 하지 못했던 것들을 가능하게 해 주는 도구로 받아들여야 한다. 시간 부족 때문에 미뤘던 프로젝트를 실행하거나 영상으로 표현하기 어려웠던 상상력을 구현할 수 있게 되었다면, 그 변화의 중심에는 여전히 창작자가 있어야 한다. 기술을 무비판적으로 받아들이는 것이 아니라 어떤 장면에 AI를 활용하고 어떤 장면은 스스로 표현할지를 판단하는 안목이 필요하다.

결국 지속 가능한 AI 유튜버란, 기술을 익히는 사람이라기보다 기술을 길들이는 사람이다. 도구의 가능성을 최대한 끌어올리되, 콘텐츠의 방향은 여전히 창작자의 손에 있다는 인식을 잃지 않아야 한다. 독창성 있는 기획, 일관된 정체성, 꾸준한 실행력, 기술에 대한 주도권. 이 네 가지가 어우러질 때 비로소 한 사람의 크리에이터는 AI 시대에도 오래 살아남을 수 있다. 콘텐츠가 넘쳐나는 시대일수록 그 안에서 꾸준히 목소리를 낼 수 있는 창작자는 더욱 귀해질 것이다.

글로벌 AI 콘텐츠 트렌드와 미래 전망

AI 기술의 발전은 콘텐츠의 국경을 허물고 있다. 과거에는 언어와 문화의 차이가 글로벌 콘텐츠로 나아가는 데 큰 장벽이 되었다. 이제는 기술이 그 장벽을 낮추고 있으며 개인 유튜버도 국제적인 시장을 무대로 활동할 수 있게 되었다. AI는 단지 콘텐츠를 만드는 도구가 아니라 그것을 세계로 연결하는 다리가 되어 주고 있다.

가장 큰 변화는 언어의 장벽이 무너지고 있다는 점이다. 콘텐츠는 언어를 중심으로 전달되지만 AI는 음성을 다양한 언어로 변환해 준다. 유튜버가 한 언어로 말하더라도 그 목소리는 다른 언어로 자연스럽게 바뀔 수 있다. 이 과정에서 억양이나 감정까지 유사하게 표현되기 때문에 시청자는 이질감 없이 콘텐츠를 받아들일 수 있다. 이는 다국어 콘텐츠를 제작하는 데 큰 장점을 제공한다.

음악 콘텐츠에서는 언어 자체가 필요 없는 형태로 발전하고 있다. AI 작곡 도구는 사용자의 감정이나 주제를 입력하면 해당 분위기에 어울리는 음악을 자동으로 만들어 준다. 이는 전 세계 누구나 공감할 수 있는 비언어적 콘텐츠를 가능하게 한다. 언어가 통하지 않아도 음악을 통해 감정과 이야기를 전달할 수 있게 된 것이다. 음악은 문화의 벽을 넘는 대표적인 콘텐츠이며 AI 기술은 그 벽을 더욱 낮추고 있다.

자동 번역 기능 또한 콘텐츠의 글로벌화를 가속하고 있다. 영상 콘텐츠에 자막을 입히는 작업은 과거에는 많은 시간과 비용을 필요로 했다. 하지만 지금은 AI가 실시간으로 내용을 분석하고 자막을 생성한다. 다양한 언어로 제공되는 자막은 시청자의 선택권을 넓히고 콘텐츠 접근성을 크게 향상한다. 이는 특히 교육이나 다큐멘터리처럼 정보 전달이 핵심인 콘텐츠에서 더 큰 효과를 발휘한다.

또 하나 주목할 점은 아바타 기술의 발전이다. AI로 만들어진 가상의 캐릭터는 실제 사람처럼 말하고 행동하며 영상에 등장한다. 이 아바타는 다양한 국적과 인종의 특징을 반영할 수 있다. 한 사람의 유튜버가 자신과 다른 문화적 배경을 지닌 아바타를 통해 콘텐츠를 제작할 수 있다는 것은 세계 시장을 고려한 기획이 가능하다는 의미다. 외모나 언어의 제약 없이 다양한 방식의 소통이 가능해진다.

기술의 발전은 콘텐츠 제작자의 상상력을 실현할 수 있도록 지원하고 있다. 글로벌 콘텐츠를 만든다는 것은 단순히 언어를 번역하는 수준을 넘어서 문화적 감각과 소통 방식을 설계하는 일이다. AI는 이 과정을 실현할 수 있는 기반을 제공하고 있다. 한 명의 유튜버가 전 세계 사람들과 직접 연결될 수 있는 시대가 열린 것이다. 이제 중요한 것은 기술을 활용한 전략이다. 단순히 AI 도구를 사용하는 것에서 그치는 것이 아니라 콘텐츠의 기획 단계부터 글로벌 시청자를 고려해야 한다. 어떤 문화에서 어떻게 받아들여질 수 있을지를 고민하고, 시청자와 거리감을 좁힐 수 있는 요소를 적극적으로 반영해야 한다. AI는 도구일 뿐이며 그것을 사용하는 방향은 언제나 창작자의 몫이다.

글로벌 콘텐츠 시장은 계속해서 확대되고 있다. 그 안에서 AI 유튜버는 중요한 역할을 하게 될 것이다. 기술이 제공하는 가능성은 무한하지만 그 가능성을 현실로 만드는 힘은 창작자의 손에 달려 있다. 국경 없는 콘텐츠의 시대에서 살아남기 위해서는 단순한 번역과 변환을 넘어 사람과 사람 사이의 공감대를 만들어 가는 전략이 필요하다. 그것이야말로 AI 시대의 글로벌 유튜버가 가져야 할 핵심 역량이다.

AI 콘텐츠의 윤리적 활용과 책임

AI 기술이 콘텐츠 제작에서 차지하는 비중이 높아지면서 창작자의 역할과 책임도 분명해지고 있다. 기술은 콘텐츠를 쉽게 만들어 주지만 그 과정에서 발생하는 윤리적 문제는 오롯이 창작자가 짊어져야 할 몫이다. 창작자는 기술을 통해 만든 콘텐츠가 가져올 사회적 영향과 책임을 명확히 인지해야 한다.

AI 콘텐츠 제작에서 윤리적 문제가 두드러지는 지점은 데이터 활용이다. AI가 학습에 사용하는 데이터는 무수히 많고 그 출처는 명확하지 않다. 창작자가 의도하지 않아도 무단으로 사용된 개인 사진이나 민감한 정보가 포함될 수 있다. 시청자에게 제공되는 콘텐츠가 이러한 데이터를 기반으로 했다면 창작자의 신뢰는 크게 훼손될 수 있다. 개인의 이미지가 허락 없이 AI 학습에 사용될 경우 법적인 문제까지 초래할 수 있다.

콘텐츠 제작 단계에서도 윤리적 고민은 계속된다. AI는 현실에 존재하지 않는 이미지를 실제와 같이 구현할 수 있다. 유명인의 얼굴을 복제하거나 정치적 메시지를 왜곡하여 콘텐츠에 담는 일도 가능해졌다. 이는 대중에게 혼란을 주고 사회적 갈등을 일으킬 수 있다. 창작자가 콘텐츠의 윤리적 경계를 인지하지 못한다면 의도와 무관하게 사회적 논란의 중심에 설 수 있다. 창작자는 AI로 만든 콘텐츠가 시청자에게 투명하게 전달될 수 있도록 명확히 밝혀야 한다. 콘텐츠에 AI가 관여한 부분과 창작자의 역할을 명확히 구분하여 알려 주는 것이 중요하다. 이 과정을 통해 시청자와의 신뢰 관계를 유지할 수 있다. 신뢰는 콘텐츠가 소비되는 과정에서 필수적이며 창작자에게 지속 가능한 영향력을 제공한다.

윤리적 기준을 마련하고 지키는 것은 창작자에게 장기적인 성장의 열쇠가 된다. AI 기술을 도입한 초기 단계에서부터 윤리적 기준을 명확히 세우고 일관되게 적용해야 한다. 기술 발전 속도가 빠른 만큼 창작자가 윤리적 감수성을 지속적으로 발전시켜야 한다. 기술적 진보가 가져오는 다양한 가능성을 탐구하되 그 가능성이 초래할 위험성에 대해서도 충분히 고민하고 대비해야 한다.

콘텐츠의 힘은 시청자와의 신뢰와 투명성에서 비롯된다. AI가 아무리 뛰어난 콘텐츠를 제작하더라도 윤리적 기준이 명확하지 않다면 콘텐츠는 오래 지속되지 못한다. 창작자는 기술 활용을 통해 얻는 이익과 그 이익이 불러오는 책임 사이의 균형을 유지해야 한다. 윤리적 책임을 다할 때 비로소 AI 기술의 긍정적인 면을 극대화할 수 있다.

결국, AI 콘텐츠 시대에 창작자가 가질 수 있는 가장 강력한 무기는 윤리적 책임감이다. 기술이 만들어 낸 무한한 가능성을 윤리적 경계 내에서 활용하는 것이 창작자의 궁극적 목표여야 한다. 신뢰할 수 있는 콘텐츠는 지속 가능성을 보장하며 창작자의 정체성을 더욱 견고하게 만들 것이다.

AI 유튜버의 미래

AI가 주도하는 콘텐츠 환경에서 인간 창작자의 역할과 위상은 새로운 국면을 맞이하고 있다. 지금까지 콘텐츠 제작은 인간의 창의력과 감성을 중심으로 이루어져 왔다. 하지만 AI 기술이 이 과정을 빠르고 효율적으로 바꿔놓으면서 창작자는 기술과 어떻게 협력할지를 고민해야 하는 시점에 서게 되었다.

콘텐츠 제작의 주도권을 기술에 완전히 넘겨줄 수는 없다. AI는 수많은 콘텐츠를 손쉽게 만들어 낼 수 있지만 콘텐츠의 방향과 가치를 결정하는 것은 결국 창작자의 몫이다. 창작자는 AI가 가진 강점을 정확히 이해하고 그 강점을 활용해 더 나은 콘텐츠를 만들어야 한다. 이는 단순히 기술을 이용하는 것이 아니라 기술과 함께 창작하는 협력 모델을 의미한다.

협력의 핵심은 창작자의 창의력과 AI의 효율성을 결합하는 데 있다. 창작자가 콘텐츠를 기획하고 AI가 이를 실현하는 과정을 통해 새로운 형태의 콘텐츠가 등장하게 된다. 인간은 콘텐츠의 목적과 방향을 설정하고 AI는 이를 정확히 실현하는 역할을 맡는다. 이 과정에서 창작자의 역할은 오히려 더 중요해진다. AI가 할 수 없는 영역인 철학적 고민과 감성적 표현을 담당해야 하기 때문이다.

이러한 공존 모델에서는 기술 발전이 인간의 창작 활동을 대체하는 것이 아니라 보완하는 형태로 발전한다. AI가 제공하는 다양한 기술적 가능성은 창작자가 새로운 아이디어를 실험하고 탐구할 수 있는 여지를 더 넓게 만들어 준다. 이전에는 기술적 제약으로 시도하지 못했던 다양한 표현이 AI 기술 덕분에 현실이 된다. 기술을 통해 창작자의 아이디어는 더 빠르게 실험되고 검증될 수 있다.

공존과 협력을 통해 콘텐츠 생태계는 더욱 다양하고 풍성해질 수 있다. AI와 창작자가 서로의 영역을 침범하지 않고 상호 보완하는 체계를 만들 때 콘텐츠는 더욱 질적으로 향상된다. 기술만으로는 부족한 콘텐츠의 깊이와 감성을 창작자가 채우고 기술은 이를 완벽히 구현하는 형태로 나아가야 한다.

미래의 콘텐츠 시장에서 AI의 역할은 더욱 확대될 것이다. 그러나 창작자의 역할 역시 그만큼 더 중요해질 것이다. 기술이 고도화될수록 인간만이 가지고 있는 창의성과 통찰력의 가치는 더 뚜렷해진다. AI가 많은 부분을 자동화하고 효율화하는 시대일수록 인간의 고유한 감성과 가치 판단이 콘텐츠의 핵심 경쟁력이 될 수밖에 없다. AI 시대에 성공적인 유튜버가 되기 위해서는 기술적 숙련도뿐 아니라 인간적이고 창의적인 역량이 더욱 필요하다는 것이다. 창작자는 기술에 지배당하지 않고 기술과 협력하면서 자신만의 독특한 콘텐츠 영역을 구축해야 한다. AI와 인간이 서로의 약점을 보완하고 강점을 극대화하는 방식으로 협력한다면 미래 콘텐츠 시장에서 지속 가능한 성장과 성공을 거둘 수 있을 것이다.

참고문헌

Mollick, E.(2024). *Co-Intelligence*. Portfolio. 신동숙 옮김(2025). 《듀얼 브레인》. 상상스퀘어.

01
AI와 유튜버

AI 기술이 빠른 속도로 우리의 일상에 녹아들면서 유튜브에서도 새로운 창작의 장이 열렸다. 실제 사람의 얼굴과 목소리를 대신하는 버추얼 유튜버의 등장은 물론, AI는 이제 스토리와 연출, 심지어 감정의 결을 만들어 내는 창작의 동반자가 되었다. 그 변화의 흐름을 짚어 보며 어떻게 AI가 '유튜버'라는 역할에 힘을 실어 주고 있는지 살펴본다.

AI와 1인 창업?

모두가 시작할 수 있는 시대

카메라 앞에 선다는 것이 누군가에게는 두려움이다. 말투 하나에 신경이 쓰이고 외모를 드러내는 일이 쉽지 않다. 그래서 유튜버는 특별한 사람의 직업처럼 느껴지기도 했다. 그런데 지금은 상황이 달라졌다. 얼굴을 공개하지 않아도 된다. 자신의 목소리를 사용하지 않아도 괜찮다. AI가 그 역할을 대신할 수 있기 때문이다. 그 변화 덕분에 유튜브는 다시 한번 모두에게 열린 플랫폼이 되었다. 누구든 콘텐츠를 만들고 채널을 시작할 수 있다.

누군가는 일상을 기록하고 싶고, 누군가는 관심 있는 주제를 나누고 싶고, 또 어떤 이는 상상 속 세계를 펼치고 싶을 수 있다. 하지만 대부분은 한 가지 지점에서 멈춘다. "나는 할 수 있을까?" 누군가에게는 촬영이 어렵고, 누군가에게는 편집이 막막하고, 누군가에게는 얼굴을 드러내는 일 자체가 큰 용기가 필요하다. 그래서 시작하지 못하고 시도하다가 멈추기도 한다. 하지만 지금은 다르다. 아바타가 나를 대신해 화면에 등장하고, AI 목소리가 내 생각을 대신 전달해 준다. 카메라 앞에 서지 않아도 되고, 편집에 많은 시간을 들이지 않아도 된다. 누구나 처음부터 모든 걸 잘할 필요가 없다. 일단 해 볼 수 있다. 그리고 그 해 볼 수 있다는 가능성은 AI 기술이 만들어 줄 것이다.

기술은 그 자체로 용기를 준다. 시도조차 하지 못했던 영역을 향해 한 걸음 내딛게 한다. 과거에는 상상만 했던 일들이 이제는 충분히 실현 가능한 일이 되었다. 누군가는 게임 속 캐릭터처럼 움직이는 아바타를 만들고, 누군가는 자신만의 감성을 담은 그림을 콘텐츠에 녹여 낸다. 이렇게 각자의 개성은 AI라는 도구를 통해 더 다양하고 창의적으로 표현된다.

무엇보다 중요한 것은, 이 변화가 일시적인 유행이 아니라는 점이다. 콘텐츠 제작 환경은 이미 새로운 패러다임에 접어들었다. AI 기술은 점점 더 정교해지고 있으며, 콘텐츠의 스타일 또한 더 유연하고 실험적으로 확장되고 있다. 우리가 경험하는 지금의 변화는 시작에 불과하다. 앞으로 더 많은 사람이, 더 다양한 방식으로, 자신의 이야기를 담아 낼 수 있는 시대가 오고 있다.

나의 이야기를 나만의 방식으로

누구나 채널을 만들 수 있게 됐지만 중요한 건 그다음이다. 어떤 이야기를 할 것인가? 어떤 형식으로 보여 줄 것인가? 정답은 없다. 하지만 이제는 다양한 방법이 존재한다. AI를 활용하면 기획부터 영상 제작까지 혼자서도 해낼 수 있다. 이전에는 전문가의 영역이었던 영역들이 나에게도 열렸다. 그 안에서 나의 목소리를 담는 것이 중요하다.

세상에 이미 많은 콘텐츠가 존재한다. 누군가의 일상, 누군가의 정보, 누군가의 관점. 그런 세상 속에서 나의 이야기가 의미 있으려면 '나만의 방식'이 필요하다. 어떤 말투, 어떤 리듬, 어떤 시선으로 이야기를 풀어 갈 것인지. 이는 기술이 줄 수 없는 감각이고 창작자만이 가질 수 있는 개성이다.

AI는 영상의 틀을 마련해 준다. 반복적이고 수고로운 과정을 줄여 준다. 하지만 그 안을 무엇으로 채울지는 결국 창작자의 몫이다. 기술은 손이 될 수 있지만 중심이 될 수는 없다.

그리고 이 중심은 단지 주제를 정하는 데에만 머무르지 않는다. 영상의 길이, 분위기, 흐름, 심지어 음악까지도 창작자의 세계관과 철학을 반영해야 한다. 콘텐츠는 결국 말하고자 하는 사람의 내면에서 시작된다. AI는 그것을 밖으로 드러내는 방식에 불과하다. 본질은 여전히 사람에게 있다.

기술 덕분에 가벼워진 문턱

AI는 도구다. 이 도구가 특별한 사람들만 쓸 수 있는 것이었을 땐 콘텐츠는 한정적일 수밖에 없었다. 그러나 이제는 아니다. 기술은 누구에게나 열려 있다. 중요한 건 어떻게 사용할지에 대한 감각이다. 같은 도구를 쓰더라도 어떤 시선으로 세상을 바라보고, 어떤 방식으로 풀어낼지에 따라 완전히 다른 결과가 만들어진다. 나만의 세계를 말하는 데에 집중할수록 콘텐츠는 더욱 빛난다.

기술은 빠르게 진화하고 있다. 이미지 생성, 음성 합성, 영상 편집 자동화, 대본 작성까지 이미 많은 영역이 AI 기술로 가능해졌다. 하지만 기술이 쉬워질수록 콘텐츠는 더 빨리 소비되고 잊히기도 한다. 그래서 지금 더 필요한 건 방향이다. '나는 무엇을 위해 채널을 시작하는가?', '누구와 어떤 이야기를 나누고 싶은가?' 이것이 명확해야 콘텐츠는 오래 살아남는다.

이제는 나 혼자 영상 하나를 완성할 수 있는 시대다. 콘텐츠 제작 과정은 점점 더 간결해지고, 다양한 형태로 진화하고 있다. 단순히 말하는 것에서 끝나지 않고, 시각적으로도 다양한 실험이 가능하다. 카메라에 직접 등장하지 않아도 나만의 공간과 정서를 시청자에게 전달할 수 있다. 중요한 건 어떤 감정을 공유하고 싶은가다.

유튜버라는 말의 의미

유튜버는 더 이상 하나의 고정된 모습이 아니다. 얼굴을 드러내는 사람도 있고, 아예 등장하지 않는 채널도 있다. 실재하지 않는 캐릭터가 팬들과 소통하고, 가상의 존재가 브랜드가 되기도 한다. 그런 변화의 한가운데에서 AI 유튜버라는 흐름이 생겨났다. 기술을 활용해 콘텐츠를 만들고, 말하고, 표현하는 방식이 확장된 것이다. 여기서 중요한 건 기술 자체가 아니다. 결국 콘텐츠를 구성하고 이끌어 가는 주체는 여전히 사람이다. "어떤 방향으로, 어떤 태도로 이야기를 만들 것인가?" 이 질문이 모든 시작이 된다.

유튜버라는 단어는 점점 더 넓은 의미를 품고 있다. 영상에 출연하는 사람만이 아니라 기술을 활용해 시청자와 연결되는 구조를 설계하는 사람까지 포함된다. 이 안에 내가 있을 수 있고, 나도 유튜버가 될 수 있다고 말할 수 있는 시대가 된 것이다. 그리고 이는 단지 하나의 직업이 늘어난다는 의미가 아니다. 나의 세계를 누군가와 나누는 방식이 새로워졌다는 뜻이다. 내가 만든 콘텐츠를 누군가가 보고, 듣고, 반응하고 다시 나에게 말을 건네는 이 구조 안에는 단순한 정보 전달 이상의 의미가 담겨 있다. 그 구조 속에 내가 있다는 사실만으로도 콘텐츠는 완성된다.

가능성 앞에 선 우리

AI 유튜버의 시대는 이미 시작되었다. 중요한 건 이 흐름을 어떻게 받아들일 것인가다. 두려움보다 설렘에 가까운 선택이길 바란다. 부담보다는 기대에 가까운 움직임이길 바란다. 나의 이야기를 말할 수 있는 수단은 많아졌고, 기회의 폭은 훨씬 넓어졌다. 이제는 도전할 수 있는가가 아니라 어떤 방식으로 도전할 것인가를 고민해야 할 때다.

콘텐츠는 연결의 언어다. 누군가와 나의 이야기와 감정을 나누고 싶은 마음과 누군가에게 도움이 되고 싶은 마음에서 시작된다. AI는 그 마음을 실현할 수 있는 도구다. 내가 주저했던 이유를 덜어 주고 한발 먼저 움직일 수 있도록 도와주는 조력자다. 그리고 지금 그 조력자는 점점 더 정교해지고 있다. 나만의 채널을 꾸리는 데 필요한 거의 모든 영역을 AI가 함께해 준다. 내가 아직 미처 생각하지 못한 질문을 던져 주고 가끔은 그 답을 대신 제안하기도 한다. 그렇게 만들어진 채널은 단순히 기술의 결과물이 아니라 나와 기술이 함께 만든 세계가 된다.

이제 남은 건 선택이다. 말하고 싶은 이야기가 있다

면, 공유하고 싶은 감정이 있다면, 표현하고 싶은 세계가 있다면 그걸 시작할 수 있는 환경은 이미 마련되어 있다.

'나도 유튜버가 될 수 있을까?'

이 질문에 "그럼요"라고 대답할 수 있는 세상이 지금이다.

참고문헌

강민형(2025). 《유튜브 AI 성공 전략: 쇼츠로 시작해 수익화까지》. 디지털북스.

02
AI 채널 기획

채널 운영의 시작점은 언제나 '기획'에서 출발한다. AI는 기획의 모든 결정을 더 단단하게 다듬어 주는 조력자가 될 수 있다. 전통적으로 기획은 창작자의 직관과 경험에 의존해 왔지만 이제는 AI가 그 과정을 보조하면서 더 넓고 구체적인 가능성을 열어 준다. AI 도구를 활용해 아이디어를 구조화하고, 오랜 시간 유지될 수 있는 IP를 설계하는 방법을 소개한다.

AI와 MBTI?

아이디어는 어디서 오는가

유튜브를 시작하려는 순간 가장 먼저 마주하게 되는 질문은 "무엇을 만들 것인가?"다. 처음부터 그 답이 또렷한 사람은 많지 않다. 세상에는 이미 너무 많은 콘텐츠가 존재하고, 어떤 주제든 누군가는 이미 하고 있다. 그래서 괜한 불안감이 앞선다. 내가 하려는 이야기가 과연 의미 있을까? 누군가가 봐 줄까? 그런데 질문을 바꾸면 생각도 달라진다. "나는 어떤 이야기를 할 수 있을까?" 남이 아니라 나에게서 출발하는 이 질문이 바로 기획의 출발점이다.

기획은 남들을 따라가는 일이 아니다. 누구나 비슷한 소재를 다룰 수 있지만 같은 이야기를 해도 말하는 방식은 다를 수 있다. 말투가 다르고, 톤이 다르고, 시선이 다르기 때문이다. 그리고 바로 그 '차이'에서 콘텐츠의 색이 드러난다. 내가 본 것을 나만의 언어로 다시 말하는 일, 그것이 기획의 본질이다.

이 과정을 AI와 함께한다면 한결 수월해진다. 챗GPT 같은 도구는 기획 단계에서 든든한 파트너가 되어 준다. 막연했던 생각을 정리하고 새로운 방향을 제안해 주기도 한다. 내가 놓치고 있던 지점을 끄집어내 주기도 하고, 지금까지의 대화를 바탕으로 예상치 못한 제안을 하기도 한다. 그래서 대화를 이어 가다 보면 나도 몰랐던 내 관심사가 구체적인 아이디어로 바뀌게 된다. 아이디어는 거창하지 않아도 된다. 사소한 흥미 하나가 콘텐츠의 씨앗이 될 수 있다. 최근 읽은 책 한 구절, 일상에서 마주친 풍경, 누군가와 나눈 대화, 어릴 적부터 반복해서 해 왔던 생각 등 이 모든 것이 콘텐츠의 시작이 될 수 있다. 중요한 건 그 감각을 소중히 여기는 태도다. 작고 가벼운 생각이더라도 반복해서 들여다보고, 물어보고, 다듬다 보면 어느 순간 선명한 주제가 된다.

AI는 이 과정을 함께 견뎌 주는 존재다. 지치지 않고 질문을 받아 주고 매번 새로운 답을 제시하며 때로는 내가 생각지 못한 질문을 먼저 던지기도 한다. 아이디어의 흐름이 끊기지 않도록 붙잡아 주는 이 역할이야말로 혼자서 시작하는 창작자에게는 무엇보다 큰 힘이 된다. 대화를 이어 가는 동안 나의 사고 흐름도 점차 구조를 갖게 된다. 처음엔 한 문장이 전부였던 생각이 점점 단락을 이루고 그 안에 흐름이 생긴다. 흐름은 맥락을 만들고 맥락은 기획의 뼈대가 된다. 이처럼 챗GPT와의 대화는 나의 생각을 밖으로 끌어내고 형체를 부여해 주는 촉진제가 된다.

AI와의 협업이 익숙해지면 아이디어를 다듬는 속도도

훨씬 빨라진다. 처음에는 내가 생각나는 키워드 몇 개를 던지면서 브레인스토밍을 시작하다가 원하는 방향이 생기면 AI에게 "이런 톤의 콘텐츠를 3가지 버전으로 정리해 줘" 같은 요청도 가능하다. 그러면 AI는 형태가 다른 여러 제안을 해 준다. 이 중에서 내 감각에 맞는 것을 선택하면 된다. 그 선택의 순간에 필요한 건 기술이 아니라 '나의 판단'이다. AI는 제안을 할 뿐 판단과 결정은 나의 몫이다. 판단력은 나의 아이디어와 철학, 그리고 전문성에서 나오며 결정력은 내 기획에 대한 확신에서 나온다.

기획은 결국 '나'로부터 출발한다. 누구나 콘텐츠를 만들 수 있는 시대이기에 이제 중요한 것은 '나'다운 방향을 나아가는 것이다. 기술은 많은 것을 가능하게 만들어 주지만 콘텐츠의 깊이를 정하는 건 여전히 창작자의 감각이다. 그리고 감각은 질문에서 비롯된다. 지금 던지는 사소한 질문 하나가 콘텐츠의 첫 줄이 될 수도 있다.

그러니 아이디어가 떠오르지 않는다고 불안해하지 말자. 답은 멀리 있지 않다. 나의 관심, 나의 말버릇, 내가 자주 보는 장르, 나만 아는 이야기 등 그 모든 것이 기획의 재료다. 그리고 AI는 그 재료를 엮어 줄 도구다. 질문을 던지고 대화를 시작하자. 그러면 곧 아이디어는 흐름을 갖고 방향을 갖는다. 그것이 기획의 시작이다.

기획의 방향은 어디를 향하는가

아이디어를 얻었다면 그다음에는 방향을 잡아야 한다. 콘텐츠를 만들겠다는 결심은 했지만 어떤 형식으로 어떤 사람들과 나누고 싶은지를 구체화하지 않으면 금방 흔들린다. 기획의 방향은 단지 주제를 정하는 것이 아니라 콘텐츠가 향하는 감정과 톤과 리듬을 정하는 일이다. AI는 지금 어떤 콘텐츠가 인기를 얻고 있는지 알려 줄 수 있다. 실시간 인기 채널을 확인할 수 있는 사이트로는 '플레이보드(Playboard)'와 '녹스인플루언서(Noxinfluencer)'가 있다. 이들 플랫폼은 유튜브 채널의 구독자 수, 조회 수, 순위 변동 등을 시각화하여 보여 주기 때문에 현재 주목받는 콘텐츠 유형을 파악하는 데 효과적이다. 특정 연령대, 지역, 관심사에 따라 어떤 형식이 반응이 좋은지도 알 수 있다. 하지만 인기 있는 흐름을 그대로 따르는 것이 정답은 아니다. 중요한 건 나만의 시선이다. 같은 트렌드를 보더라도 어떻게 해석할지는 창작자의 몫이다.

챗GPT에 "30대 여성 직장인이 좋아할 만한 영상 톤을 추천해 줘"라고 물을 수 있다. "최근 인기 있는 브이로그 트렌드를 정리해 줘"라고 요청할 수도 있다. 이렇게 얻은 정보를 기반으로 나는 어떤 언어로 풀어 갈지를 생각해야 한다. 같은 정보를 가져와도 그것을 어떻게 다시 말하는지는 완전히 다르기 때문이다.

기획이 명확할수록 콘텐츠 제작은 훨씬 수월해진다. 매번 주제를 고민하지 않아도 되고 콘텐츠의 결이 일관되기 때문에 시청자와의 관계도 훨씬 안정적으로 쌓인다. 단단한 기획은 콘텐츠를 흔들리지 않게 붙잡아 주는 구조가 된다. 그리고 그 구조는 나로부터 시작되어야 한다. 시청자를 의식하지 말라는 말이 아니다. 오히려 어떤 시청자와 함께하고 싶은지를 분명히 해야 한다. 내가 좋아하는 감정, 내가 자주 쓰는 말투, 내가 신뢰하는 표현 방식. 이런 나의 특성이 콘텐츠에 자연스럽게 녹아 있어야 채널은 오래간다.

AI는 이 과정에서도 유용한 가이드가 될 수 있다. 일정 주제 아래에서 다양한 형식의 변화를 제안해 주고, 예상 질문이나 반응을 미리 시뮬레이션해 보는 것도 가능하다. 이런 훈련은 기획을 점점 더 정교하게 만들어 준다. 기획은 단지 시작점이 아니라 콘텐츠 전체의 리듬을 결정짓는 첫 박자다. 그 리듬은 어색하지 않아야 하고, 불필요하게 복잡하지 않아야 한다. 너무 많은 것을 말하려다 중심을 잃지 않도록 해야 한다. 그래서 기획은 방향이고 동시에 기준이 된다. 처음엔 작게 시작해도 좋다. 하나의 질문, 하나의 말 그 안에서 느껴지는 감정을 붙잡아 두고, 그것을 어떻게 풀어 갈지를 고민하는 것만으로도 훌륭한 기획의 시작이 된다. 중요한 건 한 번이라도 제대로 나를 들여다보는 것이다.

IP로 이어지는 기획의 확장성

기획은 단순히 한 편의 콘텐츠를 만드는 계획이 아니다. 지속 가능한 채널을 설계하고 시간이 지나도 살아남는 브랜드를 만드는 일이다. 그리고 그 기반이 되는 것이 바로 IP다.

IP(Intellectual Property), 지적 재산이라는 이 말은 어렵게 들릴 수도 있다. 하지만 쉽게 말하면 나만의 고유한 세계를 만든다는 뜻이다. 하나의 캐릭터, 하나의 이야기 구조, 하나의 독특한 영상 스타일 등 이 모든 것이 쌓여서 결국 '나만의 세계관'이 된다. 기획 단계에서부터 이 확장성을 염두에 두고 콘텐츠를 설계하는 것이 중요하다. 단순히 영상 하나를 만드는 데 그치지 않고 그 영상이 어떤 이야기의 일부가 되도록 어떤 세계의 조각이 되도록 기획하는 것이다. AI는 이 과정에서도 큰 도움이 된다. 등장 캐릭터의 말투를 정리하거나 나만의 세계관을 한눈에 볼 수 있도록 정리해 주는 일을 맡길 수도 있다. 이렇게 만들어진 IP는 채널을 넘어 확장된다. 굿즈를 만들 수도 있고, 도서를 출간할 수도 있으며 브랜드와 협업하거나 독립적인 플랫폼을 구축할 수도 있다. 모든 것은 기획 단계에서 그 씨앗을 어떻게 심느냐에 달려 있다. 처음부터 거대한 계획을 세울 필요는 없다. 하지만 내가 만드는 콘텐츠가 단순한 소비용이 아니라 시간이 지날수록 스스로 힘을 가지는 구조가 되도록 의식하는 것, 그것이 IP를 키우는 첫걸음이다.

기획의 본질은 감각이다

기획이 빠르고 효율적이어야 한다는 강박은 필요 없다. 중요한 것은 얼마나 깊이 있게 생각하고 얼마나 나만의 언어로 풀어내느냐다. AI는 많은 제안을 해 줄 수 있다. 하지만 AI가 줄 수 없는 것이 있다. 바로 '감각'이다. 감각은 경험과 훈련, 그리고 치열한 고민 끝에 생긴다. 책을 읽고, 영화를 보고, 길을 걷고, 사람을 만나면서 축적된 감정과 통찰이 문장에 묻어나면서 이야기의 결을 만든다. AI는 그 감각을 대신할 수 없다. 다만 감각을 표현하는 방법을 도와줄 수 있을 뿐이다. 기획은 결국 사람의 일이다. 내가 보고 느끼고 고민한 것이 콘텐츠가 되고 그 안에 나라는 사람이 담긴다. 그래서 두려워할 필요 없다. 내가 가진 경험과 질문이 기획의 재료다. 지금은 기획을 시작하기에 가장 좋은 시대다. AI라는 든든한 조력자가 있고 새로운 실험을 허락하는 플랫폼이 있고, 무엇보다 자신의 이야기를 듣고 싶은 다양한 사람들이 기다리고 있다. 아이디어가 아직 명확하지 않아도 괜찮다. 주제가 완성되지 않아도 괜찮다. 관심이 흐르는 그 방향으로 질문을 던져 보자.

참고문헌

이재관(2024). 《AI시대, 프로젝트 기획》. 열린 인공지능.

03
포지셔닝과 브랜딩

수많은 채널이 생성되는 시대, 소비자는 점점 더 명확한 '정체성'을 요구한다. AI는 방대한 데이터를 바탕으로 타깃 분석과 채널의 고유한 색을 완성하는 것에 도움을 준다. 주제 선택부터 캐릭터 개발, 스토리텔링, 톤 앤드 매너 설정까지 채널 브랜딩의 전 과정을 다루며, 페르소나를 통해 시청자와 단단한 공감대를 형성하는 법을 함께 알아본다.

AI와 난임 극복?

유튜브 채널의 정체성을 세운다는 것

채널을 만든다는 것은 단순히 영상을 올리는 공간을 마련하는 일이 아니라 나라는 사람을 어떻게 세상에 드러낼 것인가를 고민하고 결정하는 작업이다.

나는 어떤 세상을 바라보고 어떤 이야기를 누구에게 나누고 싶은 사람인가?

나의 채널을 통해 어떤 정서를 전하고 싶은가?

이 질문에 대한 나만의 대답이 바로 포지셔닝의 출발점이 된다.

포지셔닝은 단순한 구호나 설명이 아니다. 이것은 나의 세계관을 영상이라는 형태 안에서 구현하는 구조이며 시청자와 어떤 결로 만나고 싶은지를 스스로 정하는 의지다. 내가 무엇을 만들지보다 중요한 것은 그 콘텐츠가 어디를 향해 가는지에 대한 분명한 방향이고 이것이 정해져야 타기팅도 살아난다.

타기팅은 나의 이야기를 기다리는 사람을 상상하는 일이다.

그들은 어떤 사람이며 어떤 시간대에 어떤 감정으로 유튜브를 보는가?

그들은 지금 어떤 말을 듣고 싶어 할까?

이런 질문을 스스로에게 던질수록 콘텐츠는 구체적인

사람을 향해 말할 수 있게 된다. 모든 사람을 만족시키려는 채널은 결국 누구에게도 도달하지 못한다. 주제, 형식, 캐릭터, 톤 앤드 매너를 하나로 묶은 채널은 결국 시청자에게 하나의 인상으로 다가간다. 이 네 가지는 따로 존재하는 것이 아니라 하나의 흐름으로 연결되어야 하며 그것이 채널의 정체성을 이룬다.

주제는 나의 관심과 감각을 중심에 둔 채 끊임없이 이어지는 이야기의 흐름이다.

매번 새로운 주제를 잡기보다는 하나의 관심사를 중심에 두고 그 안에서 다양한 결을 만들어 내는 것이 시청자에게는 더 신뢰감을 준다.

형식은 그 주제를 어떤 구조로 풀어낼 것인가에 대한 설계다.

브이로그, 리뷰, 인터뷰처럼 장르의 형식과 쇼츠, 미드폼 등 길이의 형식이 반복되고 안정적으로 유지될 때 채널은 리듬을 갖게 된다. 불규칙한 형식은 시청자의 몰입을 방해하고 신뢰를 떨어뜨린다.

캐릭터는 콘텐츠 안에서 살아 움직이는 '나'다.

내가 직접 나설 수도 있고 아바타나 페르소나를 통해 나타날 수도 있다.

어떤 경우든 말투 감정 리듬은 일관되어야 하며 콘텐

츠마다 변화하는 것은 채널의 정체성을 흐트러뜨리는 결과를 낳는다.

톤 앤드 매너는 전체를 아우르는 분위기다.

따뜻할 것인지 날카로울 것인지 빠를 것인지 느릴 것인지 처음에 정한 감정의 선을 끝까지 지켜야만 채널은 자신만의 얼굴을 가지게 된다.

이 모든 요소는 따로따로 기획하는 것이 아니라 하나의 세계처럼 엮여야 하며 그 안에서 콘텐츠는 살아 숨 쉬게 된다.

AI 아바타와 페르소나를 실용적으로 설정하기

직접 얼굴을 드러내지 않고 채널을 운영하고 싶다면 AI 아바타는 매우 유용한 선택이 될 수 있다. 하지만 겉모습만 잘 만든 아바타로는 시청자의 신뢰를 얻기 어렵고 결국 채널이 오래 살아남기 어렵다. 중요한 것은 이 아바타가 어떤 태도와 감정과 말투를 지니고 있는가다.

어떤 상황에서 어떻게 반응하고, 어떤 시선으로 세상을 바라보며 시청자와 어떤 방식으로 대화하는가까지 구체적으로 정해져야 한다.

페르소나도 마찬가지다.

페르소나는 단순한 연출이 아니라 채널의 세계관을

대표하는 화자이며 나의 감정과 생각을 대변하는 존재다. 페르소나는 두 가지 방식으로 설정할 수 있다.

하나는 나의 실제 외모 성격 말투를 반영해 나를 더욱 진솔하게 보여 주는 방식이다.

이 경우 시청자는 자연스럽게 내 감정에 공감하고 콘텐츠를 통해 사람으로서의 나와 관계를 맺는다. 페르소나는 진짜 나를 대신해 카메라 앞에 서며 나의 감정선을 그대로 전달하는 역할을 한다.

또 다른 방식은 완전히 새로운 캐릭터를 설정하는 것이다.

외모와 국적 말투 성격까지 모두 창조한 페르소나는 완전히 다른 시선으로 세상을 말할 수 있으며 나와는 전혀 다른 정체성을 가진 콘텐츠가 가능해진다.

이 경우 자유롭고 실험적인 콘텐츠 구성이 가능하며 상상력 기반의 채널을 만들기 유리하다. 어떤 방식이든 중요한 것은 일관성이다. 페르소나가 하나의 생명처럼 느껴지기 위해서는 그 감정 세계가 통일되어 있어야 하며 말투와 반응 방식도 흔들려서는 안 된다. 페르소나는 채널의 얼굴이며 이야기를 이끄는 주체이고 시청자는 결국 이 인물을 통해 채널을 기억하게 된다.

쇼츠와 미드폼을 전략적으로 배치하기

콘텐츠의 길이는 단순한 포맷의 문제가 아니라 전략의 문제다. 쇼츠는 주목을 끌고 미드폼은 신뢰를 쌓는다. 이 둘의 조합이 지금 유튜브에서는 매우 중요하다.

쇼츠는 짧고 빠르며 강한 인상을 남겨야 한다.

이 영상 하나로 내가 누구인지 어떤 분위기의 사람인지 어떤 세상을 이야기하고 싶은지 시청자에게 전달되어야 한다. 다시 말해 이 짧은 순간 안에 브랜드의 본질이 담기는 것이다.

미드폼은 반대로 깊고 안정된 연결을 만들어 주는 포맷이다.

관계가 형성된 시청자가 내 채널에 머무는 시간을 늘리는 구조이기 때문에 더 깊은 감정과 스토리 전개가 필요하다. 미드폼은 신뢰를 강화하는 도구다.

AI는 어떤 주제를 쇼츠로 풀고 어떤 이야기를 미드폼으로 확장할지에 대해 제안을 줄 수 있으며 분석과 추천을 통해 흐름을 설계하는 데 도움을 줄 수 있다. 그러나 궁극적으로 이 흐름을 만들어 내는 사람은 창작자 자신이며, 시청자의 눈에 보이지 않는 채널의 리듬을 설계하는 감각은 AI가 대신할 수 없다.

AI 채널의 브랜드화와 차별화 전략

이제는 AI를 사용했다는 사실만으로는 더 이상 특별함이 되지 않는다. 모두가 같은 도구를 사용할 수 있는 시대이기 때문에 더 중요한 것은 그 도구를 통해 어떤 이야기를 어떻게 구축하느냐다. AI를 활용해 만든 콘텐츠라도 결국 브랜드로 기억되는 채널은 나만의 톤과 시선과 감정을 꾸준히 유지해 온 곳이다.

브랜딩은 기술이 아니라 태도이며 반복이다. 콘텐츠마다 톤이 일치하고 감정이 닿아 있고 메시지가 흔들리지 않아야 한다. 시청자는 알고 있다. 진짜와 흉내를.

시청자는 반복되는 표현 안에서 채널의 본질을 감지하고 결국 신뢰하게 된다. AI는 이 반복을 도와주는 훌륭한 조력자다. 그러나 이 세계를 설계하고 감정을 불어넣고 의미를 결정하는 것은 오직 사람의 몫이다. 결국 브랜드를 만드는 힘은 기술이 아니라 세계를 끝까지 지켜 내는 창작자의 태도다.

참고문헌

박상민(2023). 《ChatGPT-4 초강력 유튜브 브랜딩》. 열린인공지능.

04
'내 GPT' 스토리텔링

'내 GPT'라는 맞춤형 GPT를 손에 넣는 순간, 콘텐츠 구성은 더 이상 막막한 작업이 아니다. '내 GPT'를 활용해 기획의 뼈대를 세우고, 맞춤형 프롬프트로 스토리를 다듬는 과정을 알아본다. 사전에 설정된 나만의 콘텐츠 제작 방식을 훈련한 AI는 수년간 호흡을 맞춰 온 보조 작가의 역할을 훌륭히 해낼 것이며, 스토리텔링의 새로운 가능성을 열어 줄 것이다.

AI와 사주?

'내 GPT'는 어떤 도구인가

'내 GPT'는 챗GPT의 맞춤형 버전이다. 챗GPT 우측 상단 프로필을 누르면 바로 만들기 기능이 있다. 사용자가 직접 목표와 성격을 설정하고 나만의 작가 비서처럼 학습시킬 수 있는 기능이다. 내가 원하는 말투를 기억하고 내가 자주 쓰는 구조를 따라 스크립트를 생성할 수 있다.

유튜브 채널을 운영하는 사람이라면 영상 기획에서 대본 작성까지 반복적인 과정을 내 GPT에게 맡기고 나는 판단과 감정의 결을 다듬는 데 집중할 수 있게 된다.

이 도구는 나 대신 콘텐츠를 만들어 주는 것이 아니라 내가 만든 흐름과 말투를 복제하고 확장하는 방식으로 작동한다. 몇 번의 학습만으로 내 스타일에 맞는 스토리의 패턴이 잡히고 그 패턴 안에서 주제를 바꾸거나 전개 순서를 조정할 수 있다. 결국 내 GPT는 나를 모방하는 도구가 아니라 나의 흐름을 정리해 주는 조력자다. 중요한 것은 도구의 기능이 아니라 내가 무엇을 반복하고 어떻게 구조화하는지다. 내 GPT는 내 방향에 따라 정확하게 움직인다. 구조를 먼저 주고 감정을 나중에 넣는다. 스토리텔링은 감정에서 시작되지 않는다.

감정을 안전하게 담기 위한 구조가 먼저 있어야 한다. 영상의 흐름이 매번 바뀌면 시청자는 내용이 아니라 형식에서 피로를 느낀다. 그래서 스토리는 항상 구조에서 시작해야 한다.

서론 본론 결론이라는 말은 익숙하지만 유튜브에서는 조금 더 구체적인 단계가 필요하다.

'내 GPT'에게 〈첫 줄에서 의문이나 강한 자극을 던지고, 둘째 문단에서는 주제를 드러내고 그다음 세 문단에서 사례나 논리를 정리하며 마지막에 감정적인 한 줄을 남긴다〉라고 프롬프트를 입력해 놓는다면 이런 패턴을 기억한다. 매번 반복되는 구조를 프롬프트에 입력하지 않고도 나만의 구조로 세팅된 GPT가 탄생하는 것이다. 이렇게 구조화된 '내 GPT'는 매번 주제를 바꾸더라도 뼈대는 그대로 유지되므로 영상 전체가 통일된 느낌을 준다. 시청자는 내가 어떤 순서로 이야기하는 사람인지 자연스럽게 알게 되고, 그 예측 가능성이 채널에 대한 신뢰로 이어진다.

'내 GPT'는 내가 자주 사용하는 패턴을 반복할수록 더 정확하게 반응한다. 내가 어떤 구조로 생각을 펼치는 사람인지를 스스로도 이해하게 되고, 이는 영상 기획의 루틴을 만드는 데 결정적인 기반이 된다. 구조는 글을 위한 것이 아니라 감정을 안전하게 전달하기 위한 통로다.

구조가 단단할수록 감정은 더 깊고 정확하게 전달된

다.

'내 GPT'는 그 구조를 굳히는 데 가장 중요한 조력자가 된다.

내 GPT는 단순히 문장을 만들어 내는 기계가 아니다. 이 도구의 핵심은 내가 설정한 내 말투를 기억한다는 데 있다. 어떤 사람이 자주 쓰는 감탄사나 문장 마무리 방식, 질문을 자주 넣는 습관이나 단어 선택에서 오는 분위기까지도 말투의 일부다.

내 GPT에게 이 말투를 훈련하는 방법은 간단하다.

내가 쓴 실제 영상 대본이나 설명글을 2~3개 정도 입력하면서 "이 말투를 기준으로 모든 문장을 작성해 줘"라고 명령하면 된다.

처음에는 정확히 따라오지 않더라도 반복 입력을 통해 톤이 점점 유사해진다. 한번 톤이 고정되면 그 이후에는 주제를 어떻게 바꾸더라도 채널의 색은 유지된다. 그러면 시청자는 내가 어떤 어조로 이야기를 풀어 가는지를 기억하고 그 감정에 따라 채널을 구독하거나 다음 영상을 기대하게 된다. 말투는 감정의 리듬이다. 그 리듬이 유지될 때 채널은 채널로서의 색을 가지게 된다.

'내 GPT'는 그 리듬을 정돈하고 이어 주는 사람 없는 편집자이자 공동 작가다.

주제를 바꾸지 말고 프레임을 키워 보자. 스토리텔링을 할 때 가장 흔한 실수는 주제를 자꾸 바꾸는 것이다. 영상마다 완전히 다른 주제를 다루면 시청자는 채널의 목적을 파악하지 못한다. 그러므로 중요한 것은 주제를 자주 바꾸는 것이 아니라 하나의 큰 프레임 안에서 변주하는 것이다.

내가 '심리'를 다루는 채널을 운영한다고 했을 때, 하루는 자존감, 하루는 관계, 하루는 감정 조절을 이야기할 수 있다. 하지만 이 모든 소주제는 심리라는 큰 프레임 안에 머물러 있어야 한다. 그래야 시청자는 나의 채널이 말하는 세계의 크기를 이해하게 된다. '내 GPT'에게 이 프레임을 먼저 알려 주고 그 안에서만 주제를 추천하게 하면 콘텐츠는 통일성을 잃지 않고도 다양해질 수 있다.

"이 채널은 인간 심리 전반에 대한 짧은 해석을 제공함. 큰 프레임은 심리이며 세부 주제는 감정, 조절, 자기 인식, 대인 관계 등으로 구성. 이 프레임 안에서 오늘의 주제를 5개 추천."

이렇게 하면 내 GPT는 프레임을 벗어나지 않는 선에서 새롭고 시의적절한 주제를 추천한다.

중요한 것은 매번 새로운 방향을 찾는 것이 아니라 나의 중심 안에서 변화를 시도하는 방식이다. 그 변화는 안정된 흐름 안에서 반복될 때 가장 자연스럽고 설득력 있게 작동한다.

'내 GPT'는 프레임을 지켜 주는 장치다.

'내 GPT'는 어디까지가 내 채널의 세계인지 경계를 세워 주고 그 안에서 가장 효과적인 흐름을 찾아 주는 구조 설계자다. 하지만 내 GPT를 쓰면서 가장 조심해야 할 점은 도구에 모든 것을 맡기지 않는 것이다. 흐름을 자동화하지 말고 정교화하자. GPT는 완성된 스크립트를 주지 않는다. 그건 어디까지나 초안일 뿐이다. 초안 위에 내 생각을 덧붙이고 내 감정을 다듬고 내가 원하는 문장만을 남길 수 있는 힘이 있어야 콘텐츠는 나의 것이 된다. 스토리텔링을 자동화하려는 순간 창작자는 사라진다. AI는 반복에는 강하지만 감정에는 둔하다. 그래서 내 GPT가 만든 흐름은 반드시 내 눈으로 점검되어야 한다.

가장 좋은 방법은 내가 매번 영상 하나를 만들기 위한 프로세스를 정해 두고 그 안에서 GPT를 사용할 위치를 명확히 지정하는 것이다.

기획은 내가 직접 하고
자료 정리와 예시 구성은 GPT에게 맡기고
마무리 문장은 내가 다시 쓴다.

이런 방식이면 흐름은 지키되 중심은 잃지 않는다.

'내 GPT'는 내가 만든 리듬 안에서 작동할 때 가장 유능하다.

그 리듬이 쌓이면 채널은 나만의 언어로 말하기 시작한다.

그리고 그 언어는 결국 사람에게 닿는다.

참고문헌

김준성 외(2025). 《진짜 챗GPT 활용법》. 위키북스.

05

AI 이미지 생성

콘텐츠의 눈길은 곧바로 '이미지'로 향한다. 챗GPT 이미지 기능, 미드저니, 이미지FX 같은 다양한 생성형 AI 도구를 비교하고, 상황에 맞춰 최적의 선택을 하는 법을 살펴본다. 촬영 없이 상상력만으로 구현해 낸 AI 사진 한 장이 섬네일과 동영상 작업에 어떻게 생명력을 불어넣는지 이해한다면 콘텐츠 제작의 속도와 품질을 동시에 높일 수 있다.

AI와 아이돌?

AI 이미지 생성, 왜 중요한가

AI로 이미지를 생성한다는 것은 영상 콘텐츠 제작을 위한 필수 소스를 만드는 과정이다. 동영상 콘텐츠는 결국 사진이나 그림을 기반으로 만들어지기 때문에 그 기초가 되는 이미지의 품질이 매우 중요하다. 특히 AI로 동영상 작업을 진행할 때 바로 텍스트를 입력해 동영상으로 변환하면 원하는 결과를 얻기 어렵다. 원하는 결과를 얻을 때까지 동영상 생성과 수정 작업을 반복하게 되면 비용이나 체력 소모가 크게 늘어난다. 따라서 원하는 이미지를 먼저 정확히 생성하고 충분한 수정 과정을 거친 후, 그 이미지를 기반으로 동영상을 만드는 것이 훨씬 효율적이고 정교한 결과를 얻는 방법이다. 결과적으로 텍스트 투 비디오(text-to-video)보다 이미지 투 비디오(image-to-video) 방식이 더 정교하고 원하는 결과를 만들 수 있는 이유가 바로 여기에 있다.

챗GPT 이미지 기능 - 쉽고 빠른 한글 친화적 이미지 생성 도구

챗GPT는 원래 텍스트를 생성하는 AI였지만 최근 이미지 생성 기능이 개선되어 강력한 콘텐츠 제작 도구로 진화했다. 챗GPT 이미지 기능의 가장 큰 장점은 접근성이 뛰어나고 사용이 매우 쉽다는 것이다. 특히 한국어 프롬프트 입력이 가능해 언어의 장벽 없이 원하는 이미지를 쉽게 생성할 수 있다. 그뿐만 아니라 이미지 내에 한국어를 삽입할 수 있으며, PNG 파일로 출력도 가능해 배경 제거까지 손쉽게 할 수 있다는 장점이 있다.

사용 방법은 간단하다.

"노을이 지는 바닷가에 사람이 서 있는 장면을 그려줘"라는 한글 프롬프트를 입력하면 챗GPT는 해당 장면을 생성한다. 다만 이미지 생성 속도가 때에 따라 느려질 수 있다는 점이 단점으로 작용할 수 있다. 하지만 간단한 섬네일이나 쇼츠 영상 제작, SNS용 이미지 등 빠른 콘텐츠 제작에는 매우 유리하며 무료 버전도 제한적으로 사용이 가능해 초보자나 가벼운 작업을 하는 사용자들에게 특히 추천된다.

이처럼 챗GPT 이미지 기능은 빠르고 간단한 콘텐츠를 제작하는 사람이나 초보자에게 유용한 이미지 생성 도구다.

미드저니 – 예술성과 속도를 겸비한 이미지 도구

미드저니는 AI 이미지 생성 도구 중 가장 잘 알려진 도구로 예술적이고 창의적인 이미지를 만들어 내는 데 탁월한 성능을 발휘한다. 과거에는 디스코드 플랫폼을 통해서만 사용할 수 있었지만 최근에는 웹사이트를 통해서 더욱 간편하게 접근할 수 있게 되었다. 웹사이트에서는 사용 방법이 더 직관적이고 간편하게 바뀌었으며 이미지 생성 속도도 매우 빠른 편이다. 미드저니는 현실적인 광고 이미지, 영화 콘셉트, 팝 아트 등 전문적인 분야에서도 충분히 활용 가능한 품질 높은 결과를 제공한다. 사용자는 프롬프트를 통해 원하는 이미지를 빠르게 얻을 수 있지만, 중요한 단점은 한글 프롬프트 입력이 불가능하다는 점이다. 따라서 영어로 프롬프트를 입력해야만 정확한 이미지를 얻을 수 있어 한국 사용자에게는 약간의 접근성 문제가 발생할 수 있다.

그러나 그 단점을 뛰어넘는 이미지 품질과 빠른 생성 속도 덕분에 미드저니는 예술적이고 전문적인 이미지를 원하는 콘텐츠 크리에이터와 전문가들에게 강력히 추천되는 도구다.

이미지FX – 현실적인 디테일을 살리는 고품질 이미지 도구

이미지FX는 최근 콘텐츠 제작자 사이에서 현실적인 이미지를 빠르고 정교하게 만들어 주는 도구로 주목받고 있다. 특히 제품 사진이나 실제 상황을 정교하게 묘사하는 이미지를 필요로 하는 사용자에게 유리한 도구다.

사용법은 매우 쉽다. "테이블 위의 노트북과 커피 잔을 밝은 햇빛이 비치는 사실적인 사진으로 만들어 줘"라고 입력하면 현실에서 촬영한 듯한 결과를 얻을 수 있다. 이미지FX의 강점은 매우 사실적인 이미지 표현과 디테일에 있다. 따라서 제품 리뷰, 광고 콘텐츠 등 사실적이고 정확한 이미지가 필요한 경우 가장 적합한 선택이다.

다만 이미지FX는 창의적이고 예술적인 표현에서는 제한적인 면이 있다. 환상적이거나 초현실적인 이미지 표현을 원한다면 다른 도구를 사용하는 것이 더 나을 수 있다. 그러나 현실적인 표현에서만큼은 가장 뛰어난 성능을 보여 준다.

인간의 상상력과 AI 창의력의 만남

기술의 발전은 창작자의 아이디어가 더욱 빠르게 현실화될 수 있도록 돕고 있다. AI 이미지 생성 기술은 과거 콘텐츠 제작에서 시간과 비용의 제약 때문에 실현하지 못했던 다양한 아이디어를 현실로 가져왔다.

챗GPT 이미지 기능은 한글 친화적이며 간편하게 이미지를 생성하고 빠르게 콘텐츠로 활용할 수 있도록 해 준다. 미드저니는 예술적이고 창의적인 표현에 독보적이며 이미지FX는 제품 이미지나 현실적인 묘사에서 탁월한 성능을 보인다. 각 도구가 가진 고유의 강점은 창작자가 원하는 다양한 결과물을 효과적으로 구현하는 데 도움을 준다.

이제 중요한 것은 단순히 기술을 사용하는 방법이 아니라, 기술을 어떻게 활용하여 자신만의 독창적인 콘텐츠를 만들어 낼지에 있다. AI가 만들어 낸 예상 밖의 이미지들은 창작자에게 새로운 자극을 주고, 이것을 다시 인간의 상상력으로 확장하는 선순환을 일으킨다. 인간의 창의성과 AI의 무한한 가능성이 만나 더욱 깊고 넓은 창조의 영역을 만들어 가는 것이다.

과거에는 상상 속에서만 존재했던 장면을 AI 기술을 통해 구체적으로 시각화할 수 있게 되었고, 덕분에 창작자는 더 이상 현실적 제약에 갇히지 않는다. 막대한 비용과 시간이 드는 장르인 판타지, SF 같은 장르에서도 AI 이미지 생성 기술로 새로운 가능성을 열어 준다. 물론 AI가 처음부터 완벽한 이미지를 만들어 주는 것은 아니다. 때로는 인간의 상상력과 거리가 있는 결과를 제공하기도 한다. 하지만 바로 이 지점에서 창작자의 진정한 역할이 드러난다. AI가 제시한 초안을 더욱 정교하게 수정하고 발전시키는 과정은 창작자에게 또 다른 창의적 즐거움을 준다. 기술적 한계를 인간의 감각과 세심한 수정 작업으로 보완하면서 창작자는 AI의 결과물을 더 수준 높은 예술적 이미지로 발전시킨다.

AI 기술이 콘텐츠 제작에서 가져온 가장 큰 변화 중 하나는 실패에 대한 두려움을 줄여 준 것이다. 이제 창작자는 비용과 시간이라는 현실의 제약에서 조금 더 자유롭게 실험하고 아이디어를 빠르게 검증할 수 있다. 마음속에서만 머물던 창의적인 아이디어를 AI 기술을 통해 실제 눈앞의 이미지로 표현하고, 이를 통해 창작자의 상상력도 지속적으로 자극받고 확장된다. 이렇듯, 인간과 AI의 창조적 협업을 통해 무한한 가능성을 탐색하고 새로운 이야기를 만들어 나갈 때, 콘텐츠 제작의 미래는 더욱 밝고 풍성해질 것이다. 창작자는 기술의 진보 속에서도 자신의 이야기를 담은 독창적인 콘텐츠를 더욱 쉽고 풍부하게 만들어 갈 수 있다.

앞으로의 콘텐츠 제작은 AI와 인간의 협업이 중심이 될 것이다. AI 기술은 창작자의 반복 작업을 덜어 주고, 창작자는 AI가 제공한 결과물을 바탕으로 독창적인 시각과 감성을 불어넣는 역할을 하게 될 것이다. 기술은 창작자의 잠재력을 실현하기 위한 도구이며, 창의성은 그 기술을 어떻게 활용할지에 대한 인간의 결정과 태도에서 드러난다. 결국 AI 이미지 생성 기술이 콘텐츠 제작자에게 주는 가장 큰 가치는 자신만의 독특한 아이디어를 마음껏 펼칠 수 있는 자유다. 기술의 발전은 그 자유를 더욱 강화해 준다. 기술의 발전과 더불어 콘텐츠 제작의 중심은 다시 창작자의 독창성과 아이디어, 그리고 창의적 상상으로 돌아오고 있다.

참고문헌

민자경(2025). 《원하는 이미지를 정확하게 생성하는 테크닉 한 권으로 끝내는 미드저니》. 에듀웨이.

06
이미지 무브먼트

한 장의 정확한 이미지 생성은 원하는 동영상을 완성하는 열쇠다. 소라(Sora), 클링 AI(Kling AI), 런웨이(Runway) 같은 이미지 무브먼트 도구를 통해 정적인 비주얼을 어떻게 다채로운 영상으로 확장할 수 있는지 살펴본다. 물결치는 잎사귀나 반사되는 풍경, 그리고 캐릭터의 미세한 표정 변화까지 구현해 내며 시청자를 콘텐츠 속으로 끌어들이는 기술을 탐색한다.

AI와 야구?

텍스트 투 비디오, 촬영 없는 영상 제작의 시작

생성형 AI의 등장은 영상 콘텐츠를 만드는 방식을 바꿔 나가고 있다. 과거에는 피사체를 눈앞에 두고 직접 카메라를 들고 촬영해야만 했기에 빛을 계산하고 구도를 잡아 프레임을 채워 가는 과정이 필요했다. 하지만 지금 우리는 텍스트 한 줄로 피사체를 만들고 장면을 구성하고 카메라 무빙까지 설계할 수 있게 되었다.

텍스트 투 비디오(text to video), 말 그대로 단어만으로 영상을 만들어 내는 기술이 현실이 된 것이다. 이제 AI 영상은 단순히 정지된 이미지를 흔들어 움직임을 흉내 내는 수준이 아니다. 가상의 배우를 등장시키고 카메라가 움직이는 시점에서 빛이 반사되는 방식까지 정밀하게 계산한다.

오리가 물 위를 미끄러지듯 움직일 때 퍼지는 물결의 파장, 선글라스에 비치는 반사된 풍경, 창문을 스치는 흐릿한 빛까지 표현해 낸다. 우리는 더 이상 실제 세계를 찍지 않아도 된다. 텍스트로 세계를 상상하고, 그 상상을 장면으로 변환할 수 있는 시대를 살고 있다.

앞으로 영상 제작자는 카메라를 들지 않고도, 배우를 섭외하지 않고도, 세상을 하나하나 새로 그려 낼 수 있다. 그 중심에는 소라(Sora), 클링 AI(Kling AI), 런웨이

(Runway)와 같은 AI 무브먼트 도구들이 있다.

소라 – 고퀄리티 텍스트 투 비디오 시대를 연 주역

오픈AI(OpenAI)의 소라(Sora)는 2024년 초, 사실감 있는 동영상을 처음으로 대중에게 선보이며 세상을 놀라게 했다. 소라는 '촬영 없는 영화 제작'이라는 새로운 패러다임을 연 첫 번째 기술로 기록됐으며, 텍스트 한 줄로 만들어 낸 동영상은 단순히 움직이는 사진을 넘어섰다. 동영상에서는 영화 속 한 장면처럼 우주복을 입은 가상의 배우가 등장했고, 여러 가지 숏과 실감 나는 카메라 무빙까지 완벽하게 표현해 냈다. 그뿐만 아니라 선글라스에 반사된 풍경처럼 우리가 눈으로 익숙하게 인지하던 자연스러운 물리적 현상들을 사실적으로 구현해 냈다. 피사체가 움직이면 빛이 달라지고, 배경이 변하면 반사각이 바뀐다. 기존에는 촬영을 통해서만 가능했던 복잡한 물리적 표현이 텍스트를 기반으로 자동으로 계산된 것이다.

또한 소라는 텍스트 투 비디오(text to video) 기능뿐만 아니라 이미지 투 비디오(image to video) 기능도 지원해, 고퀄리티 이미지를 생성하고, 그 이미지를 기반으로 자연스러운 동영상을 만들 수 있다. 소라로 생성한 결과물은 상업용 광고, 영화 소스 제작, 고급 뮤직비디오 제작에도 활용될 만큼 품질이 높으며, 무엇보다 현실과 가상을 구분 짓기 어려울 정도의 정밀도를 자랑한다.

하지만 모든 기술에는 대가가 있다. 소라는 챗GPT 플러스 요금제(월 20달러)에서도 사용이 가능하지만 제한적 사용만 가능하기 때문에 전문적인 작업을 하기 위해서는 프로 요금제(월 200달러)의 사용을 권장한다. 타 도구에 비해 월등히 높은 월 200달러 요금제는 일반 사용자가 쉽게 접근할 수 있는 환경은 아니다. 그럼에도 품질을 최우선으로 고려하는 창작자에게 소라는 매력적인 도구임이 틀림없다.

클링 AI – 영상부터 버추얼 아바타까지 확장하는 올인원 도구

클링 AI(Kling AI)는 단순히 자연스러운 움직임을 만드는 데 그치지 않고, 창작자의 의도를 더욱 세밀하게 반영할 수 있는 구조를 가지고 있다. 텍스트 프롬프트로 사진, 영상을 만들 수 있는 것은 기본이고, 엘리먼츠(Elements) 기능을 통해 여러 장의 레퍼런스 이미지를 융합하는 방식으로 훨씬 더 구체적이고 섬세한 장면을 구성할 수 있다.

이는 단순히 상상에 맡기는 결과물이 아니라, 창작자가 미리 보여 주고 싶은 세계의 디테일을 적극적으로 반영하는 방식이다. 또 피겨 이펙츠(Figure Effects)라는 부가 기능은 미리 만들어진 효과 템플릿을 적용해서 인물이나 사물이 부풀어 오른다든지, 클레이 아트로 변한다든지 하는 독특하고 창의적인 모션을 부여할 수 있어, 짧은 시간 내에 눈길을 사로잡아야 하는 SNS 콘텐츠 제작에 유용하게 사용된다.

무엇보다 주목할 기능은 버추얼 트라이 온(Virtual Try-On)과 립싱크(Lip Sync)다.

사용자는 원하는 캐릭터를 생성하고, 그 캐릭터가 입력한 텍스트에 맞춰 자연스럽게 입을 움직이며 말하는 영상을 만들 수 있다. 이는 단순한 영상 제작을 넘어, AI 페르소나를 만들고 그 페르소나가 살아 움직이는 콘텐츠를 제작할 수 있어 AI 캐릭터를 활용한 스토리텔링을 시도하는 창작자들에게 가장 알맞은 도구다.

런웨이 – 실용성과 확장성을 갖춘 AI 영상 플랫폼

런웨이(Runway)는 소라가 일반 사용자 대상 공개를 미루는 동안 빠르게 시장에 진입해 AI 비디오 도구로 급부상했다. 전반적인 사용성이 뛰어나고 진입 장벽이 낮으며, 콘텐츠 제작 속도 또한 빠르다. 특히 런웨이의 액트원(ACT-ONE) 기능은 주목할 만하다.

액트원은 영화 제작에서 사용하는 모션 캡처(Motion Capture) 방식을 기반으로 개발되었다. 깨끗한 배경에서 실제 인물의 움직임을 캡처한 뒤, 그것을 가상의 캐릭터나 동물로 자연스럽게 변환해 낸다. 복잡한 신체 움직임은 아직 한계가 있지만 인물의 표정 변화나 감정선 연출에서는 탁월한 능력을 보인다.

또한 런웨이는 단순한 도구에 머무르지 않고, 자체적으로 AI 영화제를 개최하며 AI 영상 제작의 새로운 지평을 열고 있다. 기술을 실험하는 데서 그치지 않고, AI로 만든 작품을 세상과 공유하고 평가받는 무대까지 확장한 것이다.

런웨이는 빠른 작업 속도와 직관적인 인터페이스를 필요로 하는 창작자들에게 적합하다. 특히 실험적이기보다는 현실적인 조건 안에서 높은 품질의 결과물을 빠르게 만들어 내야 하는 프로젝트에 강점을 가진다.

상상을 현실로 만드는 선택, AI 무브먼트 시대의 나침반

지금 우리는 텍스트 하나로 장면을 만들어 카메라를 움직이고, 배우 없이도 배우를 만들며, 존재하지 않는 공간을 동영상으로 구현할 수 있는 시대에 도달했다. 이 변화는 단순히 기술이 인간을 대체한다는 의미가 아니다. 오히려 창작자가 머릿속에 그리던 상상을 구체화하고 확장해 주는 창의적 동반자가 등장한 것이다. 하지만 도구는 어디까지나 도구일 뿐 그것을 통해 무엇을 보여 줄 것인가는 여전히 창작자의 몫이다. 콘텐츠가 살아 있기 위해서는 결국 감정과 의도, 그리고 이를 전달하는 영상 언어가 필요하다.

내 콘텐츠의 톤 앤드 매너가 분명할수록 AI 영상 도구들은 더 명확하고 정교하게 작동한다. 그러나 그 반대의 경우, 기술은 일회성 시도에 머물거나 흉내 수준에 그치며 쉽게 소비되고 만다. AI 기술의 진가는 영상 연출에 대한 감각, 컷과 컷의 연결 방식, 숏과 앵글의 적절한 배치처럼 창작자의 전문성과 만나야 비로소 제대로 발휘된다. 도구는 많지만 결국 그것을 조율하는 손은 사람이어야 한다.

소라처럼 사실적인 영화 톤을 원하는가? 클링 AI처럼

아바타의 감정과 입 모양을 세밀히 조정하고 싶은가? 아니면 런웨이처럼 모션 캡처를 통한 캐릭터를 입히고 조율하고 싶은가? 각 도구는 특징이 다르며 표현 방식에도 차이가 있지만 중요한 것은 도구가 아니라 창작자가 구현하고 싶은 감정과 장면에 맞는 선택을 할 수 있느냐는 것이다.

기술은 창작의 허들을 낮췄지만 그만큼 감정과 완성도의 기준은 더 높아졌다. 반복적인 장면이 아닌 일관성 있고, 살아 숨 쉬는 이야기와 화면을 만들기 위해서는 AI가 주는 결과물에 창작자의 시선과 감각이 더해져야 한다. 그렇지 않으면 아무리 뛰어난 기술이라 해도 콘텐츠는 시청자와의 연결고리를 만들지 못한다.

AI 도구는 당신의 상상을 구체화할 수 있게 해 주는 확장된 손이다. 하지만 그 손이 어떤 그림을 그릴지는 당신의 연출력에 달려 있다. 같은 도구를 써도 누가 쓰느냐에 따라 전혀 다른 결과물이 달라진다. 그 이유는 도구를 통해 무엇을 어떻게 만들어야 하는지 명확한 기준과 방법을 알고 있는 창작자의 전문성과 직결되기 때문이다.

이제 상상을 담은 텍스트 한 줄이면 된다. 하지만 그 한 줄의 진정한 가치는 영상 언어로 풀어내는 능력에 달렸다. 어떤 숏을 선택할 것인가, 어떤 앵글로 감정을 드러낼 것인가, 컷의 흐름은 어떤 리듬으로 가져갈 것인가? 결국 콘텐츠를 완성하는 것은 도구가 아닌 당신이다.

참고문헌

민지영 외(2024). 《AI 영상 제작》. 길벗.

밍지(2025). 《최고의 AI 영상 Sora로 제작하기》. 권유라 옮김. 제이펍.

홍순성(2024). 《7가지 생성 AI로 영상 제작 & 편집하기 with 챗GPT & 미드저니 & 런웨이》. 한빛미디어.

07
AI 편집

편집은 콘텐츠 제작의 마지막 터치이자 완성된 이야기에 리듬을 부여하는 작업이다. '캡컷' 기반의 직관적인 워크플로와 일레븐랩스, 타입캐스트, 수노 같은 AI 도구를 활용해 편집 시간을 획기적으로 줄이는 방법을 다룬다. 자동 자막 생성, 보이스클론, 배경 음악까지 AI는 반복적인 수작업에서 벗어나 스토리와 감정에 집중할 수 있는 환경을 만들어 줄 것이다.

AI와 운동주?

AI 편집 시대, 무엇이 달라졌을까?

콘텐츠 제작은 오랫동안 시간과 에너지를 요구하는 일이었다. 특히 촬영을 마친 후, 컷을 정리하고 자막을 넣고, 음악을 입히는 과정은 반복적이었고 때로는 고통스러웠다. 그러나 지금은 다르다. AI는 이 복잡한 작업들을 단순화하고 가속화하며, 창작자가 더 빠르고 자유롭게 감정을 풀어낼 수 있도록 돕고 있다. 이제 몇 시간이 걸리던 작업이 몇 분 안에 끝나고, 반복적인 편집 작업에 소모되던 에너지를 더 많은 실험과 이야기로 돌릴 수 있게 되었다.

AI 편집 도구는 생산성을 높이는 것 이상의 의미를 가진다. 즉, 창작자의 감정과 서사를 더 풍부하게 만드는 힘을 제공하고 있다. 이 장에서는 캡컷(CapCut)을 중심으로 한 AI 편집 도구를 살펴보고, 일레븐랩스(ElevenLabs)와 타입캐스트(Typecast) 같은 AI 보이스 툴, 수노(Suno) 같은 AI 음악 제작 도구를 통해 콘텐츠 제작의 새로운 가능성을 확인해 본다.

또한, 전통적인 편집 프로그램인 어도비 프리미어 프로(Adobe Premiere Pro)가 어떻게 AI를 품으며 진화하고 있는지도 함께 다룬다.

캡컷- 직관성과 접근성, AI 편집의 대중화

캡컷(CapCut)은 어도비 프리미어 프로(Adobe Premiere Pro)의 기능을 보다 직관적인 인터페이스로 제공하고 있다. 덕분에 영상 편집에 익숙하지 않은 초보자도 빠르게 작업을 시작할 수 있고, 무료 버전만으로도 유튜브 쇼츠, 인스타그램 릴스 같은 짧은 영상을 손쉽게 제작할 수 있다는 점이 큰 강점이다.

자동 자막 생성 기능은 입력된 음성을 인식해 빠르게 정확한 자막을 생성하고, 배경 제거 기능은 별도의 전문 프로그램 없이도 깔끔한 결과물을 만들어 낸다. AI를 활용한 이미지 및 보이스 생성 기능 역시 탑재되어 있어, 하나의 플랫폼 안에서 기본적인 영상 편집뿐 아니라 콘텐츠의 다양한 시각적/청각적 요소를 빠르게 보완할 수 있다. 하지만 다양한 고급 효과와 추가 서비스는 유료 버전에서만 제공된다. 특히, 고급 AI 기능이나 효과 프리셋, 자동 자막 등을 원할 경우에는 일정 비용을 지불해야 한다. 그러나 기본 기능만으로도 충분히 매력적이며, 콘텐츠 제작을 시작하는 사람들에게 접근성을 크게 낮춰 준 것은 분명하다. 캡컷(CapCut)은 이제 단순한 모바일 편집 앱을 넘어 PC버전과 다운로드가 필요 없는 사이트에서도 편집이 가능해졌으며, AI 기반의 대중적인 편집 플랫폼으로 성장했다.

AI 보이스, 콘텐츠에 감정을 입히다

목소리는 콘텐츠의 분위기와 감정선을 결정짓는 중요한 요소다. AI 보이스 생성 기술은 감정을 입히는 작업을 더욱 쉽고 다양하게 만들어 주고 있다.

일레븐랩스(ElevenLabs)는 자연스러운 발성과 섬세한 감정 표현을 지원하는 AI 보이스 생성 도구다. 한국어 친화성은 아직 제한적이지만 제한된 범위 안에서도 품질은 매우 뛰어나다.

특히, 여러 목소리를 섞어 자신만의 새로운 목소리를 디자인할 수 있으며 보이스 클론(Voice Clone) 기능을 통해 자신의 실제 목소리를 학습시켜 추후 텍스트 입력만으로 자신의 목소리로 콘텐츠를 제작할 수 있다. 녹음이라는 물리적 과정을 생략하고 감정과 리듬을 유지한 상태로 콘텐츠를 빠르게 완성할 수 있는 것은 창작자에게 큰 자유를 선물한다. 하지만 이 기술은 허가되지 않은 제3자의 음성을 무단으로 복제하여 콘텐츠를 제작하거나 보이스피싱 같은 범죄에도 악용될 가능성이 있어 창작자의 윤리의식이 반드시 동반되어야 하는 기술이다.

타입캐스트(Typecast)는 한국어 콘텐츠 제작에 최적화된 플랫폼이다.

한국 플랫폼인 만큼 한글 지원은 물론, 다양한 한국인 캐릭터를 보유하고 있다는 장점 때문에 유튜브와 SNS의 크리에이터들의 많은 사랑을 받고 있다. 연령대와 성별, 직업을 반영한 캐릭터 보이스를 제공하며 직관적인 인터페이스 덕분에 누구나 쉽게 접근할 수 있다. 자신의 영상에 맞는 원하는 캐릭터를 설정하고, 캐릭터 간의 대화를 만들다 보면 어느새 AI 보이스가 완성된다. 다만, 속도 조정, 감정 세밀화, 톤 조절 등은 유료 플랜을 구독해야 가능하다. 보다 섬세한 연출을 원하는 경우 추가 비용은 필수다.

수노 - 텍스트로 완성하는 음악 제작

음악은 장면에 감정을 불어넣는 가장 강력한 언어다. 필자는 영상 제작에 앞서 영감이 떠오르는 배경 음악을 먼저 고르고 시작하기도 한다. 하지만 음악은 저작권에 가장 민감한 영역이고, 무료 음원을 사용하다 보면 다른 콘텐츠와의 차별성이 줄어들게 되는 딜레마에 빠지게 된다. 이런 고민을 AI 음악 생성 도구가 해결사로 나섰다.

수노(Suno)는 사용자가 가사를 입력하고, 원하는 스타일과 음악 장르를 선택하는 것만으로 그럴듯한 음악을 생성해 낸다. 커스텀(custom) 기능에서는 가사를 직접 작성할 수도 있고, AI의 제안을 받아 새롭게 완성할 수도 있다. 반대로 단순한 배경 음악이 필요한 경우에는 가사가 없는 연주곡만을 생성하는 것도 가능하다.

영화, 광고, 쇼츠, 교육 영상 등 다양한 콘텐츠에 활용할 수 있는 유연성이 돋보이는데 특히, 자신의 목소리로 노래를 생성하는 기능도 포함되어 있다. 수노의 가장 큰 장점은 매일 5곡까지 무료로 생성할 수 있다는 점이다. 규모가 크지 않은 창작자에게는 무료 버전만으로도 충분한 활용이 가능하다. 또한 한글 가사 입력과 한글 프롬프트 지원도 가능하기 때문에 한국어 기반 콘텐츠 제작에도 최적화되어 있다. 하지만 가장 큰 단점은 음악의 세부 편집은 불가능하며 프롬프트를 정확히 입력해도 기대와 다른 결과가 나오는 경우가 있다. 이 부분은 아쉬운 지점이지만 여전히 콘텐츠 제작 과정에서 수노가 제공하는 속도와 효용성은 무시할 수 없다.

전통적인 프로그램도 AI를 품다

캡컷과 같은 대중적인 편집 도구들이 까다롭고 번거로웠던 프리미어 프로의 편집 과정을 직관적이고 사용자 친화적인 AI 기능을 전투적으로 도입하면서 어도비 프리미어 프로 같은 전문가용 프로그램도 AI를 적극적으로 통합하고 있다. 프리미어 프로는 자동 자막 생성 기능을 강화해 긴 영상에서도 빠르게 정확한 자막을 제공한다. 또한 보이스 공백 자동 삭제 기능을 통해 긴 토크 영상이나 인터뷰 영상에서 흐름을 매끄럽게 다듬을 수 있게 했다. 그 밖에도 프레임 확장(Frame Interpolation) 기능을 활용하면 장면 촬영되지 않았던 부분이 자연스럽게 생성되는 기술의 진보를 선보였다. 이러한 AI 기능은 편집자의 노동을 줄이는 데 그치지 않고, 더 많은 창작적 시도를 가능하게 한다. 기술이 뒷받침되면 편집자는 더 많은 시간을 감정과 스토리에 집중할 수 있다. 편집은 결국 감정을 흐르게 하는 일이다. 편집을 많이 하게 되면 클릭 한 번을 줄이는 것이 얼마나 작업 능률을 높일 수 있는지 절감하게 된다. AI 자동 자막 생성, 보이스 공백 삭제 기능은 기존 프리미어프로에 익숙한 편집자에게 혁명적인 지원군이 되었다. 더 이상 반복적인 작업에 시간을 소모하지 않아도 되고, 이야기를 더욱 풍부하게 직조하는 데 집중할 수 있다.

편집은 단순히 장면을 잇는 작업이 아니고, 편집자는 더 이상 단순히 기술을 다루는 사람이 아니다. 편집은 스토리를 전개하고 감정을 흐르게 만드는 일이다. 때로는

1프레임의 차이만으로도 전하는 감정이 달라진다. 이 리듬을 읽고, 감정을 이어 붙이는 작업은 여전히 편집자의 몫이다. AI 시대의 편집자는 감정을 설계하고, 흐름을 직조하며, 이야기를 살아 있게 만드는 사람이다. 그리고 AI는 그런 편집자에게 더 많은 시간과 더 많은 기회를 제공한다.

참고문헌

민지영 외(2024). 《AI 영상 제작》. 길벗.
홍순성(2024). 《7가지 생성 AI로 영상 제작 & 편집하기 with 챗GPT & 미드저니 & 런웨이》. 한빛미디어.

08
채널 개설과 운용

채널 개설은 단순한 계정 생성이 아니라 브랜드를 싹 틔우는 과정이다. 이 장에서는 AI로 프로필 · 배너 · 섬네일을 제작하는 팁과 유튜브 스튜디오, 녹스인플루언서(Noxinfluencer) 같은 분석 툴을 활용해 성장 전략을 세우는 방법을 안내한다. 각 플랫폼의 특성을 반영한 외부 링크 관리와 검색엔진 최적화(SEO)는 채널을 단순히 가꾸는 것이 아니라 지속 가능한 성장 생태계로 키우는 전략이다.

AI와 한의학?

채널 개설, 누구나 시작할 수 있다

유튜브 채널을 만든다는 것은 단순히 공간을 열어 두는 일이 아니다.

내가 무엇을 이야기하고 싶은지, 어떤 방식으로 세상과 소통하고 싶은지를 구체화하는 작업이다. 채널은 기획에서 시작해야 한다. 이야기할 주제를 정하고, 그 주제를 어떤 톤과 리듬으로 풀어 갈 것인지 고민해야 한다.

처음 채널을 시작할 때는 쇼츠 중심으로 운영하는 것이 좋다.

유튜브 쇼츠는 3분까지 업로드할 수 있지만, 가능하면 30초 이내로 짧게 구성하는 것을 추천한다. 영상이 길어질수록 시청 지속 시간이 짧아지고, 이탈률이 높아지면 알고리즘에서도 부정적인 평가를 받을 수 있다. 짧고 강렬한 메시지, 빠른 몰입을 유도하는 콘텐츠가 필요한 이유다. 채널의 콘셉트는 처음부터 명확하게 설정해야 한다.

이 채널이 어떤 이야기를 하고, 누구를 위한 공간인지를 시청자와 알고리즘 모두에게 분명히 보여 줘야 한다. 주제를 정할 때는 10개의 대주제를 먼저 뽑고, 각 대주제마다 10개의 소주제를 설정하는 방식을 추천한다. 이렇게 하면 대주제 안에 총 100개의 구체적인 콘텐츠 주제를 확보할 수 있다. 이 작업은 채널이 장기적으로 지속 가능할 수 있는 체력을 미리 점검하는 방법이 된다. 챗GPT를 활용하면 이 과정을 훨씬 쉽게 진행할 수 있다. 하지만 AI가 제안한 주제를 그대로 쓰기보다는 내 경험과 감각을 더해 변형하고 확장해야 한다. 나만의 언어와 색깔로 다듬는 것이 관건이다. 페르소나 설정도 매우 중요하다. 나를 닮은 자연스러운 페르소나를 만들 수도 있고, 반대로 완전히 새로운 캐릭터를 설정할 수도 있다. 특정한 말투나 태도가 있다면 그것을 살리고, 없다면 AI와 함께 개성 있는 말투를 새롭게 만들어 가는 것도 좋은 방법이다.

필자의 경우, 'AI'라는 첨단 기술을 설명하는 채널을 만들면서도 IT 전문가 같은 딱딱한 느낌을 주고 싶지 않았다. 대신 친근하지만 잔망스러운 괴짜 '할아버지' 캐릭터를 설정해, 주제와 캐릭터의 충돌에서 오는 재미를 노렸다. 채널명인 '할파고'는 프로 바둑기사를 상대로 승리한 최초의 인공지능 프로그램인 알파고(AlphaGo)에서 영감을 받아, '할아버지'의 '할'을 붙여 '할파고(Halphago)'라는 이름을 만들었다. 이렇듯 기술과 감성이 충돌하면서 생기는 작은 이야기성이 채널의 개성을 살려 주는 데 큰 힘이 되었다.

프로필과 배너, 섬네일까지 AI로 완성하는 방법

채널의 얼굴을 준비하는 일은 단순한 장식이 아니다.

시청자에게 주는 첫인상이자, 내 이야기를 시각적으로 전달하는 시작점이다.

배너 이미지는 2048×1152픽셀 이상, 6MB 이하의 파일을 사용하는 것이 유튜브 최적화 기준이다. 모든 기기에서 자연스럽게 보이도록 조정하는 것이 중요하다.

프로필 사진은 98×98픽셀 이상, 4MB 이하가 권장된다. 작지만 채널을 상징하는 만큼 신중하게 선택해야 한다. 채널 이름은 내가 하고자 하는 이야기와 감정을 담아야 한다.

14일 내 2회까지 변경 가능하며, 핸들(URL)도 설정할 수 있다.

최근에는 핸들의 중요성이 크지 않지만 짧고 명료해야 하며, 가능하면 브랜드처럼 기억에 남는 형태를 만드는 것이 좋다.

외부 링크 설정은 반드시 해야 한다. 플랫폼마다 사용자가 다르고, 콘텐츠를 소비하는 패턴도 다르기 때문에 어디에서 내 콘텐츠가 노출될지 알 수 없다. 하나의 영상이 여러 플랫폼에 올라가는 것은 문제가 되지 않는다. 하지만 각 플랫폼에 맞게 약간씩 다른 색깔을 보여 준다면 시청자들은 플랫폼별로 다른 매력을 경험하게 되고, 그 경험이 구독으로 이어지는 선순환을 만들어 낼 수 있어서 브랜딩 또한 더욱 견고해진다.

비즈니스 이메일 역시 반드시 설정해야 한다. 채널 규모와 관계없이 기회는 언제 올지 모른다. 신뢰를 주는 첫걸음은 연락처를 명확히 남기는 것이다.

섬네일, 채널 아트 등 모든 시각 요소는 AI를 활용해 기획할 수 있다.

이제는 챗GPT 이미지 생성 기능을 통해 한글 텍스트가 삽입된 이미지를 바로 만들 수 있다. 하지만 최종 완성도를 높이기 위해서는 캔바(Canva)나 포토샵(Photoshop) 같은 툴을 통해 디테일을 다듬는 것이 좋다. 이미지의 톤 앤드 매너를 일관되게 유지하면 채널 전체에 감정선이 생기고, 색깔이 분명한 채널은 쉽게 잊히지 않는다.

AI로 콘텐츠 분석과 업로드 전략 세우기

콘텐츠를 올린 뒤에는 반드시 데이터를 읽어야 한다.

감에 의존하지 않고, 근거를 가지고 방향을 조정할 수 있어야 한다.

한국 유튜버에게 유용한 분석 사이트로는 녹스인플루

언서(Noxinfluencer)와 플레이보드(Playboard)가 있다.

이 사이트들은 채널 성장 추이, 조회 수, 시청 시간, 인기 키워드 등을 명확하게 정리해 보여 준다. 또한 유튜브 스튜디오(YouTube Studio)에서도 실시간 조회 수, 시청 지속 시간, 이탈률, 클릭률, 시청자 연령대와 지역 등을 분석할 수 있다. 특정 영상의 이탈 구간을 보면 어디서 시청자의 관심이 끊어졌는지 바로 알 수 있다. AI는 이 모든 분석을 빠르고 정확하게 정리해 준다. 하지만 그 데이터를 읽고, 이야기의 방향을 조정하는 것은 여전히 창작자의 몫이다. 창작자가 AI 분석을 통한다면 숫자 뒤에 있는 감정선을 읽을 수 있어야 한다. AI를 활용하면 단순히 감에 의존하는 업로드 전략이 아니라 근거를 가지고 성장하는 전략을 세울 수 있다.

"무엇을 더 만들까?"가 아니라 "무엇을 다르게 만들까?"를 고민해야 할 시점이다.

채널은 꾸미는 것이 아니라 키우는 것이다

채널은 한번 꾸며 놓고 끝나는 공간이 아니다.

하루하루 영상을 하나씩 심고, 감정을 하나씩 보태가며 키워야 한다. 요즘은 AI 자동화로 유튜브 콘텐츠를 대량 업로드하는 채널들도 많다. 그러나 그런 콘텐츠는 처음에는 주목을 받을지 몰라도 시간이 지날수록 시청자의 기억 속에서 사라진다. 기계적으로 찍어 낸 콘텐츠는 쉽게 소비되지만 오래 사랑받지 못한다.

이제 콘텐츠 제작에서 AI를 활용하는 것은 필수가 되어 버렸지만 결국 중요한 것은 나의 감성과 아이디어를 진정성 있게 담아내는 것이다. 빠른 제작보다 중요한 것은 살아 있는 이야기를 전하는 일이다. AI가 발전할수록 사람들은 오히려 인간의 감성을 더욱 찾게 될 것이다. 자동화된 콘텐츠가 넘쳐나는 시대일수록 살아 있는 감정과 이야기를 품은 채널은 더 큰 울림을 가질 것이다.

참고문헌

박상민(2023). 《ChatGPT-4 초강력 유튜브 브랜딩》. 열린인공지능.

09
수익화, 콘텐츠의 또 다른 이야기

수익화는 채널의 목표가 아니라 신뢰의 결과물이다. 유튜브 광고 수익 조건부터 멤버십 · 슈퍼챗 · 쇼핑 기능 활용법을 살펴보고, 인스타그램 · 틱톡 · 블로그 연계로 유입을 다변화하는 전략을 설명한다. 더 나아가 도서 출간과 강의, IP 확장 모델까지 확장형 수익화 방법을 종합적으로 다루며, 신뢰를 바탕으로 채널을 안정적으로 운영하는 길을 제시한다.

AI와 화장품?

유튜브 수익화, 시작은 광고지만 끝은 아니다

유튜브 광고 수익화는 많은 이들이 처음 떠올리는 수익 방법이다. 하지만 광고 수익만으로 안정적인 채널 운영을 기대하는 것은 현실적으로 쉽지 않다. 유튜브 수익화는 광고로 시작하지만 결국 다양한 수익 모델로 확장되어야 한다. 그리고 수익화 채널이 되기 위해서는 많은 노력과 운도 따라 줘야 한다.

유튜브에서 수익 창출을 시작하기 위한 기본 조건은 다음과 같다.

공통 조건

– 구독자 500명 이상

– 최근 90일 이내에 3개 이상의 공개 동영상 업로드

그리고 다음 중 하나를 충족해야 한다.

– 최근 365일 동안 공개 동영상의 유효 시청 시간 3,000시간 이상

– 또는 최근 90일 동안 공개 쇼츠 동영상 유효 조회 수 300만 이상

이 조건을 만족하면 멤버십, 슈퍼챗(Super Chat), 쇼핑 기능 같은 다양한 수익화 옵션이 활성화된다. 멤버십은 유료 회원을 모집해 회원 전용 혜택을 제공하는 방식이다. 가입은 채널과 동영상 페이지에서 이루어지며, 크리에이터는 순수익의 70%를 지급받는다. 라이브 스트리밍을 통해 실시간으로 소통하고, 팬들의 후원을 수익으로 연결할 수 있다. 특별한 콘텐츠를 제공하면서 팬층을 더욱 단단히 묶을 수 있다. 슈퍼챗, 슈퍼땡스 기능은 팬들이 직접 후원할 수 있는 통로다.

쇼핑 기능은 유튜브 채널에 온라인 스토어를 연결해 상품을 판매하는 방식이다. 이 기능은 채널의 브랜드를 강화하고, 제품 판매를 통한 추가 수익원을 확보할 수 있다. 위 내용의 수익화 기준을 달성했다면 다음 목표는 광고 수익이다. 광고 수익을 활성화하기 위해서는 별도의 기준을 충족해야 한다.

광고 수익 조건

– 구독자 1,000명 이상

– 최근 365일 동안 공개 동영상 유효 시청 시간 4,000시간 이상

– 또는 최근 90일 동안 쇼츠 동영상 유효 조회 수 1,000만 이상

광고 수익은 크게 두 가지로 구분된다. 하나는 동영상 앞뒤나 중간에 삽입되는 광고로 발생하는 보기 페이지 광고 수익이고, 나머지 하나는 쇼츠 영상 사이에 삽입되는 광고와 유튜브 프리미엄 이용자의 시청으로 발생하는 수익이다. 탄탄한 나만의 기획과 꾸준한 콘텐츠 생산으로 광고 수익 기준을 달성했다면 더 단단하고 지속 가능한 수익을 위해 다양한 수익 구조를 함께 설계해야 한다.

간접적 수익화, 플랫폼을 연결하라

간접적 수익화란 유튜브 채널을 중심으로 다른 플랫폼과 연결해 수익을 확장하는 전략을 말한다. 인스타그램, 틱톡, 블로그 같은 플랫폼은 유튜브 콘텐츠와 자연스럽게 연결할 수 있다.

쇼츠 영상을 인스타그램 릴스나 틱톡에 업로드하고, 블로그에는 유튜브 영상을 임베드(embed)해 글과 함께 소개하는 방식이다. 이렇게 플랫폼 간 연결을 강화하면 다양한 유입 경로를 확보할 수 있다. 그래서 외부 링크를 반드시 설정해야 한다. 플랫폼마다 사용자가 다르기 때문에 어디서 내 콘텐츠가 발견될지 모른다. 유튜브 쇼츠에서는 정보성을 강조하고, 틱톡에서는 재미를 강조하는 식으로 변화를 주는 것이다.

블로그는 여전히 검색 기반 유입이 강력한 플랫폼이다.

관련 키워드를 활용해 유튜브 영상과 함께 블로그 포스팅을 작성하면 시간이 지나도 꾸준히 트래픽을 끌어올 수 있다. 특히 정보성 콘텐츠 같은 경우는 자신의 노하우와 자료를 구독자와 공유하는 방식으로 수익화할 수 있다. 카페나 오픈채팅방을 열어 구독자들과 소통하고, 필요한 자료를 무료로 제공하는 과정을 통해 팬층을 확보하는 전략이 자주 사용된다. 이 과정에서 신뢰를 쌓은 뒤, 유료 강의나 강의 자료를 자연스럽게 연결할 수 있다.

간접적 수익화는 콘텐츠 하나를 다양한 채널로 확장해 여러 방향에서 수익을 발생시키는 전략이다. 채널이 성장함에 따라 이 연결망도 함께 성장해야 한다.

확장형 수익화, 나의 세계를 넓히는 방법

확장형 수익화는 콘텐츠 그 자체를 넘어 나만의 브랜드와 세계를 구축하는 방법이다.

이 단계로 넘어가기 위해서는 시간이 걸리지만 장기적으로 가장 강력하고 안정적인 수익 모델을 만들 수 있다.

도서 출간은 대표적인 확장형 수익화 방법이다.

꾸준히 다룬 주제를 정리해 책으로 출간하거나 전자책으로 발행해 새로운 독자층을 확보할 수 있다. 특히 니치(niche)한 분야를 다룬 콘텐츠는 전문성 기반의 출간으로 이어지기 쉽다.

강의와 클래스 개설도 유망한 전략이다.

콘텐츠를 통해 쌓은 노하우를 체계적으로 정리해 유료 강의나 클래스 플랫폼에 등록할 수 있다. 유튜브 성장법, 영상 편집법, 자기 계발 같은 실용적인 주제는 항상 높은 수요를 가진다.

팬덤 커뮤니티를 구축하는 것도 중요한 확장형 수익화 전략이다. 팬층을 대상으로 멤버십 운영, 전용 콘텐츠 제공, 굿즈 판매 등 다양한 수익 모델을 구축할 수 있다.

IP(지적 재산) 판매 또한 가능성을 열 수 있다.

내가 만든 캐릭터, 브랜드, 세계관이 확고하다면 이를 기반으로 다양한 확장 상품이나 라이선스 사업으로 연결할 수 있다. IP 판매는 쉽지 않지만 장기적으로 가장 강력한 자산이 된다.

확장형 수익화는 시간이 필요하다. 하지만 제대로 쌓

이면 광고나 플랫폼 변화에 휘둘리지 않는 탄탄한 기반이 된다. 수익화는 결국 신뢰를 파는 일이다. 수익화는 단순한 기술이 아니다. 결국 사람들은 콘텐츠가 아니라 신뢰를 구매한다. 팬이 영상을 보면서, 책을 읽으면서, 강의를 들으면서, 상품을 구매하면서 묻는 것은 늘 같다.

"이 사람을 믿을 수 있을까?"

AI가 빠른 콘텐츠 제작을 가능하게 했지만 진정성을 대체할 수는 없다. 진심이 느껴지는 채널, 일관성 있게 성장하는 채널, 신뢰를 쌓아 온 채널만이 결국 오래 살아남는다. 유튜브에서 레거시 미디어의 문법과 기술력만으로는 성공할 수 없다는 사실을 우리 모두가 경험하고 있다. 기술적으로 뛰어난 콘텐츠는 처음에 주목받을 수 있겠지만 기술의 상향 평준화가 이뤄진 후에는 다소 거칠고 투박해도 콘텐츠 자체의 진정성과 개성에 주목하게 된다.

콘텐츠의 본질은 변하지 않는다. 기술의 속도가 빨라졌어도 깊이는 여전히 중요하다. 수익화를 꿈꾼다면 당장의 수익보다 긴 시간 동안 신뢰를 쌓을 수 있는 콘텐츠를 만들어야 한다.

참고문헌

강민형(2025). 《유튜브 AI 성공 전략: 쇼츠로 시작해 수익화까지》. 디지털북스.

엄채연(2024). 《SNS 수익화 마스터 클래스》. 황금부엉이.

10
AI 유튜버의 미래

AI는 빠르게 일상의 도구가 되었지만 그 기술적 혁신이 일상화되면 차별화 요소는 '나의 이야기와 진정성'뿐이다. 또한 저작권 · 초상권 · 개인정보 보호 같은 법적 · 윤리적 이슈는 여전히 풀어야 할 과제다. AI 기술의 장기적 발전 방향과 유튜브 제작에 미칠 영향을 분석하고, 차세대 유튜버로서 준비해야 할 기술적 역량과 전략을 제시한다.

종교와 AI?

AI와 함께하는 유튜브의 미래

AI는 이미 유튜브 콘텐츠 제작의 거의 모든 과정에 깊숙이 들어와 있다.

기획, 대본 작성, 이미지 생성, 영상 편집, 음성 합성, 음악 제작까지 한 명의 창작자가 AI 도구만으로 전체 작업을 완성할 수 있는 시대가 도래한 것이다.

앞으로 AI 기술은 더욱 정교해질 것이다. 콘텐츠 생성 속도는 더 빨라지고, 품질은 사람의 손길과 점점 더 구별하기 어려워질 것이다. 맞춤형 콘텐츠 제작, 실시간 편집, 개인 맞춤형 채널 관리까지 가능해질 가능성이 높다. 하지만 기술이 발전할수록 결국 시청자가 원하는 것은 변하지 않는다. 잘 만든 영상 그 자체가 아니라 그 안에 담긴 이야기와 감정이다.

AI는 강력한 도구다.

그러나 그 도구를 통해 무엇을 이야기하느냐는 여전히 사람의 몫이다.

기술이 채울 수 없는 빈자리, 바로 그곳을 채우는 창작자가 미래를 만든다.

차세대 유튜버, 무엇을 준비해야 하는가

차세대 유튜버는 단순히 AI 도구를 잘 다루는 수준을 넘어야 한다. 기술을 자유자재로 활용하면서도 콘텐츠의 본질을 잃지 않는 사람이 되어야 한다.

기술적 준비는 기본이다. AI 기반 영상 편집, 섬네일 제작, 대본 작성, 데이터 분석 능력은 필수다. 특히, 다양한 AI 도구를 조합해 나만의 작업 흐름을 구축할 수 있어야 한다.

그러나 진짜 중요한 것은 콘텐츠를 일관되게 전개하는 힘이다. 브랜딩과 톤 앤드 매너를 유지하고, 감정을 흐르게 하며 사람과 사람을 연결하는 감각. 이것이 기술보다 더 오래가는 자산이 된다.

지속 가능한 채널을 위해서는 자신의 세계를 구축해야 한다.

같은 AI 기술을 사용해도 차이를 만드는 것은 결국 창작자의 철학과 이야기다.

빠르게 배우고, 꾸준히 업데이트하며 자신만의 색을 지켜내는 것!

그것이 차세대 유튜버가 준비해야 할 진짜 전략이다.

AI 도구의 법적 위험과 대비 전략

AI를 활용하는 과정에서는 저작권과 초상권 문제에 대한 철저한 주의가 필요하다.

AI가 생성한 이미지나 영상이라고 해서 무조건 자유롭게 사용할 수 있는 것은 아니다.

특정 브랜드, 인물, 작품 스타일을 모방하거나 연상시키는 결과물이 생성될 경우, 이는 명백한 저작권 침해 소지가 된다. 과거 챗GPT에서 지브리 스타일을 모방한 작품을 대량으로 생산하면서 지브리 스타일의 전쟁, 폭력, 차별 등의 이미지가 무분별하게 퍼졌던 사례가 있었다. 이는 원작자인 미야자키 하야오 감독이 중요하게 여겨온 작품 철학과 정면으로 충돌한 것이다. 이처럼 AI 생성물이라 하더라도 타인의 창작물이나 스타일을 침해하는 경우 문제가 될 수 있다. 따라서 AI 생성물을 활용할 때는 반드시 다음을 점검해야 한다.

– AI 플랫폼의 이용 약관과 라이선스 정책을 정확히 숙지할 것

– 상업적 이용이 가능한지 여부를 반드시 확인할 것

– 유명 브랜드, 인물, 작품 스타일이 노출된 경우 사용을 피할 것

– 가능하다면 직접 촬영하거나 직접 디자인한 소재를 활용할 것

초상권 문제도 예외가 아니다.

특정 인물의 얼굴이나 특징을 무단으로 활용할 경우, 초상권 침해로 이어질 수 있다.

당사자의 동의 없는 상업적 사용은 법적 분쟁으로 번질 수 있으므로 각별한 주의가 필요하다. AI 도구를 사용할 때는 항상 '명확한 권리 확보'를 기준으로 삼아야 한다. 법적 리스크를 최소화하는 것도 창작자의 책임이다.

AI 기술을 활용해 콘텐츠를 제작하는 시대가 열리면서 저작권 문제는 단순한 기술적 문제가 아니라 창작자에게 실질적인 고민이 되어가고 있다.

2024년 2월, 코미디언 세라 실버맨(Sarah Silverman)과 여러 작가들은 오픈AI(OpenAI)와 메타(Meta)를 상대로 소송을 제기했다. 자신들의 저작물이 AI 모델 학습에 무단으로 사용되었다는 이유였다. 법원은 일부 주장을 기각했지만 불공정 경쟁과 저작권 침해를 둘러싼 논쟁은 여전히 계속되고 있다. 이 사건은 AI 학습 데이터로 활용되는 콘텐츠가 어떤 법적 경계를 넘어서는지를 보여 주는 대표적 사례가 되었다.

같은 해 8월에는 시각 예술가들이 스테빌러티 AI(Stability AI)를 상대로 소송을 걸었다.

자신들의 작품 스타일이 무단으로 학습되고 모방되었

다는 이유였다.

미국 저작권청도 2025년 1월 명확한 입장을 내놓았다.

AI가 생성한 결과물은 인간의 창의적 개입이 명확히 드러나는 경우에만 저작권 보호를 받을 수 있다는 것이다. 단순히 AI가 만들어 낸 산출물을 그대로 사용하는 것만으로는 저작권을 주장할 수 없으며, 인간이 아이디어를 선택하고 배열하며 구성을 창의적으로 다듬었을 때 비로소 법적 보호를 받을 수 있다는 입장이다.

이러한 흐름은 한국에서도 비슷하게 나타나고 있다.

2024년 12월, 국내에서는 생성형 AI를 활용해 제작된 영화들이 실제 극장에서 상영되었다.

영화 〈나야, 문희〉는 배우의 디지털 초상과 음성을 AI로 생성하여 제작되었고, CJ ENM의 〈M호텔〉 역시 이미지와 사운드를 AI로 구현했다. 하지만 이 작품들은 단순히 AI가 만들어 낸 결과물이 아니었다. 인간이 AI 산출물 중 의미 있는 부분을 선택하고 배열해 새로운 창작성을 부여했기 때문에 '편집 저작물'로서 저작권 등록이 인정되었다.

한국 대법원의 기준도 분명하다. 편집 저작물은 기존 콘텐츠를 단순히 나열하는 것을 넘어 소재의 선택, 배열,

구성 과정에서 창의성이 드러나야 저작권 보호를 받을 수 있다.

단순한 조합이나 기계적인 편집으로는 충분하지 않다.

인간의 개입, 인간의 감각, 인간의 이야기가 담겨야 비로소 법적 권리가 인정된다.

결국 AI를 활용한 콘텐츠 제작에서도 "누가 무엇을 선택했고 어떻게 구성했는가?"라는 질문에 답할 수 있어야 한다.

기술은 계속 발전하지만 저작권이라는 무게는 여전히 인간의 손끝에 남아 있다.

새로운 기술이 등장하면 처음에는 그 기술 자체에 대한 감탄과 경이로움의 시대가 펼쳐진다. 이후에는 기술을 활용하는 시대가 이어지고, 어느 순간 기술이 상향 평준화되면서 누구나 비슷한 수준의 결과물을 만들어 내는 시대가 온다. 그 시점부터는 기술적 놀라움이 아니라, 그 안에 담긴 이야기와 진정성이 진짜 경쟁력이 된다. 특히 AI라는 기술은 본질적으로 인간의 편의를 위해 발전한다. 하지만 AI 기술이 아무리 발달해도 인간적 터치만큼은 AI가 대신할 수 없다. 결국 AI 기술의 끝은 기술 안에서 인간다움을 찾는 방향으로 귀결될 수밖에 없다.

앞으로는 편리한 기술을 넘어 진정성 있는 콘텐츠가 살아남게 될 것이다.

AI의 도움을 받되, 감정과 이야기는 인간의 손끝에서 완성해야 한다.

빠른 것보다 깊은 것.

화려한 것보다 진심 어린 것.

편리한 것보다 신뢰할 수 있는 것.

차세대 유튜버는 기술을 넘어 신뢰를 쌓아야 한다.

오래 살아남는 것은 결국 나만의 이야기이고, 그 이야기를 진심으로 전하는 사람이다.

참고문헌

한유진 외(2025). 《AI가 만든 콘텐츠, 누구의 것인가?》. 제노북스.

정시영

위티즈 미디어랩의 대표이자 대경대학교 연기예술과 겸임교수다. 동국대학교 영상대학원 영화영상제작학과에서 연출 석사를 받고, 시나리오 전공으로 박사 과정을 수료했다. 한국영화박물관 에듀케이터로 재직했고, 단편 영화 〈모델〉, 〈케인〉, 〈흰둥이〉, 〈골고다의 방〉, 〈선수끼리 왜 이래〉의 기획·각본·연출을 맡아 미장센단편영화제, 아시아나국제단편영화제, 서울독립영화제, 피렌체한국영화제 등 국내외 영화제에서 상영한 바 있으며, 대종상단편영화제 기획상, 고양한백시나리오공모전 최우수작품상, 서울노인영화제 우수상, 충주단편영화제 각본상을 수상했다.

또한, 한국콘텐츠진흥원 융합팩토리랩에서 국내 최초 유튜브 연기오디션 〈오디션코리아〉를 제작하여 우수 콘텐츠로 선정되었다. 현재는 누적 조회 수 25만 회인 AI 유튜브 채널 '할파고'를 운영하면서 인덕대학교, 동국대학교 듀이카, 숭실사이버대학교에서 생성형 AI 강의를 맡고 있으며, 직접 운영하는 위티즈 미디어랩에서는 서울시 내 초·중·고등학교와 20개 자치구 진로 센터와 업무 협약을 통해 생성형 AI, 유튜브, 미디어리터러시, 영화·영상 제작 강의를 연 300회 이상 진행하고 있다.